दशा

दशाओं में फँसा आदमी

AF504635

चार लघुनाटक

हास्य-व्यंग्य   ❧   भिन्न जीवन   ❧   भिन्न परिस्थितियाँ

मथुरा कलौनी

INDIA • SINGAPORE • MALAYSIA

मथुरा कलौनी - संक्षिप्त परिचय

मथुरा कलौनी का जन्म 20 जनवरी 1947 को पिथौरागढ़ में तथा शिक्षा-दीक्षा कोलकाता में हुई थी। उनकी पहाड़ में बीते बचपन की स्मृतियाँ इतनी बलवती हैं कि वहाँ की अनुभूतियाँ यदा-कदा उनकी रचनाओं में झाँकने लगती हैं। गंभीर से गंभीर विषय को हास्य-व्यंग्य का पुट देकर चुलबुले अंदाज में प्रस्तुत करने में वे सिद्धहस्त हैं। प्रेम, शृंगार, हास्य, व्यंग्य आदि सभी रसों के इंद्रधनुषी रंग उनकी अद्भुत वर्णनात्मक शैली में मुक्त तैरते रहते हैं। उनकी रचनाएँ बहुत पठनीय होती हैं। आभास ही नहीं होता कि भावनात्मक अनुभूतियों के आवेगों से गुजरते हुए कब कथानक के शीर्ष पर पहुँच गये।

मथुरा कलौनी अपनी कृतियों में पात्रों के अनुपम चित्रण के लिए जाने जाते हैं। उन्होंने साहित्य की लगभग समस्त विधाओं में अपनी कलम चलाई है जिनमें उपन्यास, कहानी और नाटक प्रमुख हैं। उनकी रचनाओं में अप्रत्यक्ष, गुदगुदाने वाले हास्य की प्रधानता है। मानव संबंधों की विविधता का कदाचित ही कोई पक्ष उनकी लेखनी से अछूता रहा हो। **प्रियदर्शी अशोक** में एक कालजयी ऐतिहासिक विभूति का द्वंद्व हो, या **कब होगी भेंट** में अछूते प्रेम के भावनात्मक प्रसंग हों, **धतूरे के बीज** में काले-डरावने चरित्र

हों या **विषकन्या** में अपराध जगत के गुमनाम रहस्यों का रोमांच हो, **वहाँ से वापसी** में स्मृति-लोप के कगार से वापसी की यात्रा हो या **कौन हो तुम बृहन्नला** में किन्नर वर्ग की अबूझ अनकही वेदना का चित्रण हो, सब इनकी लेखनी के चित्रफलक(कैनवास) में समाहित हैं।

मथुरा कलौनी ने चार दशक पहले साहित्यिक यात्रा आरंभ की थी। 1988 में बेंगलूरु में कलायन नाट्य संस्था की स्थापना की। 1999 में इन्टरनेट में कलायन पत्रिका (www.kalayan.org) का प्रकाशन आरंभ किया। आपकी लगभग डेढ़ सौ कहानियाँ प्रतिष्ठित पत्रिकाओं में प्रकाशित हो चुकी हैं। पिछले 34 सालों में आप इक्कीस नाटक और दर्जन से अधिक लघुनाटकों का लेखन और मंचन कर चुके हैं। आपके दस नाटक, चार लघु-उपन्यास और एक कहानी संग्रह प्रकाशित हो चुके हैं। दुबई में दो हिन्दी नाटकों के मंचन के साथ कंबोडिया, बीजिंग, असम-मेघालय, राजस्थान और बाली में अंतर्राष्ट्रीय हिन्दी सम्मेलनों में नाट्यपाठ की प्रस्तुतियाँ खासी चर्चित रहीं।

संप्रति आइटीसी लिमिटेड में रिसर्च मैनेजर के पद से सेवानिवृति के उपरांत बेंगलूरु में नाटकों के लेखन और निर्देशन में सन्नद्ध हैं तथा कलायन नाट्य संस्था के संचालन व कलायन पत्रिका के संपादन और संचालन को समर्पित हैं।

संपर्कः ईमेल - editor@kalayan.org

वेबसाइट - www.mathurakalauny.com

समर्पण

बृहन्नला को

महारथी अर्जुन की उस दशा को जिसमें उसका
बृहन्नला के रूप में समाज के उपेक्षित और प्रताड़ित वर्ग
की पीड़ा से साक्षात्कार हुआ था।

मथुरा कलौनी के नाटक

स्वयंवर

कायापलट[1]

जोड़तोड़

जो पीछे रह जाते हैं

कब तक रहें कुँवारे

स्वयंवर 2010

चंद्रकान्ता नाटक

कब होगी भेंट[1]

सुबह का भूला

कौन हो तुम बृहन्नला

लंगड़

चिराग का भूत

उसने कहा था

संदेश

तू नहीं और सही

धतूरे के बीज[1]

एक शाम प्रेमचंद के नाम[1]

निष्कासित

मेरा दुश्मन मंटो

<hr>

1 नोशनप्रेस में उपलब्ध

कलायन थिएटर द्वारा दशा के मंचन के कुछ दृश्य

लंगड़

परम श्रद्धेय श्रीलाल शुक्ल की कालजयी कृति रागदरबारी के पात्र लंगड़ के चरित्र-वृत्तांत का नाट्य रूपांतरण।

पात्र - लंगड़, प्रिंसिपल, सनीचर, रंगनाथ, वैद्यजी और छोटे पहलवान।

दृश्य एक

वैद्य जी की बैठक। छोटे पहलवान और रंगनाथ बैठे हुए हैं। सनीचर सिलबट्टे में भाँग घोट रहा है।

छोटे पहलवान

क्यों बे सनीचर, माल सब ठीक डाला है ना?

सनीचर

क्या बात करते हैं छोटे पहलवान। ठंडई बनाने में हम कौनो गलती नहीं करते। भाँग पिस्ता बादाम और सभी माल एकदम ठीक-ठीक सही मात्रा में डाले हैं। एक घूँट पी कर तो देखो। सनीचर को याद करोगे।

छोटे पहलवान

एक ही घूँट काहे पियेंगे। इतना खराब बनाये हो तो याद तो तुमको करबे करेंगे। (जाँघ ठोकते हुए)

वैद्यजी और प्रिंसिपल साहब आपस में बतियाते हुए आते हैं। वैद्य जी देहाती चौकी में बैठते हैं और प्रिंसिपल साहब कुर्सी में। सनीचर दोनों को एक-एक गिलास थमाता है।

प्रिंसिपल

(हाथ जोड़ कर) कालिज का काम छोड़ कर आया हूँ वैद्यजी, इसे शाम के लिए रखा जाय।

वैद्य जी

संध्याकाल पुनः पी लीजिएगा।

प्रिंसिपल

कालिज छोड़ कर आया हूँ।

सनीचर

कालिज को तो आप हमेशा छोड़े रहते हैं, पिरिंसिपल साहब। वह तो कालिज ही है जो आपको नहीं छोड़ता है। लीजिए चढ़ा जाइये एक गिलास।

प्रिंसिपल

(पीने के बाद) सचमुच ही बड़े-बड़े माल पड़े हैं।

वैद्य जी

भंग तो नाममात्र को है। वास्तविक द्रव्य तो बादाम, मुनक्का और पिस्ता हैं। इसका प्रभाव शीतल होता है।

दूसरी ओर से लंगड़ के गाने की आवाज।

लंगड़

माटी कहे कुम्हार से, तू क्या रौंदे मोय।
एक दिन ऐसा आयेगा, मैं रौंदूँगी तोय।
कबीरा, मैं रौंदूँगी तोय।
साईं इतना दीजिये, जा में कुटुम समाय।
मैं भी भूखा न रहूँ, साधु ना भूखा जाय।
कबीरा, साधु ना भूखा जाय।

रंगनाथ

यह लंगड़ गा रहा है न? अरे, वही तो है, देखो आ रहा है।

लंगड़ का प्रवेश।

माथे पर कबीरपंथी तिलक, गले में तुलसी की कण्ठी, दढ़ियल चेहरा, दुबली-पतली देह। मिर्जई पहने हुए। एक पैर घुटने के पास कटा हुआ है और लाठी का सहारा है। चेहरे पर ईसाई संतों का भाव।

सनीचर

लंगड़ का क्या है, मस्त रहता है। जहाँ चाहा वहीं लंगर डाल दिया। मौजी आदमी है।

छोटे पहलवान

मौजी आदमी! साला सूली पर चढ़ा बैठा है। परसों तहसीलदार से तू-तड़ाक कर आया है। मौज कहाँ से करेगा?

सनीचर

आओ लंगड़। लो तुम भी पिओ ठंडई। इसमें बहुत माल पड़े हैं। (लंगड़ आँख मूँद कर इनकार करता है।) पीना है तो सटाक से गटक जाओ, न पीना हो तो हमारे ठेंगे से!

लंगड़ जोर की साँस खींच कर फिर आँखें मूँद लेता है।

प्रिंसिपल

कहो लंगड़, नकल मिली?

लंगड़

कहाँ मिली बाबू। इधर इस रास्ते नकल की दरख्वास्त सदर के दफ्तर भेजी गई और उधर उस रास्ते से फाइल वहाँ से यहाँ लौट आई। अब फिर गया मामला पंद्रह दिन को।

सनीचर

सुना है तहसीलदार से तू-तड़ाकवाली बात हो गई है।

लंगड़

कैसी बात बाबू? जहाँ कानून की बात है वहाँ तू-तड़ाक से क्या होता है?

छोटे पहलवान

बात के बताशे फोड़ने से क्या होगा? साला जा कर नकलनवीस को पाँच रुपये टिका क्यों नहीं देता?

लंगड़

तुम यह नहीं समझोगे छोटे पहलवान! यह सिद्धांत की बात है।

छोटे पहलवान

वह बात है तो खाते रहो चकरघिन्नी।

लंगड़

(बहुत दीन भाव से वैद्य जी से) तो जाता हूँ बापू।

वैद्य जी

जाओ भई। तुम धर्म की लड़ाई लड़ रहे हो। उसमें मैं क्या सहायता कर सकता हूँ।

लंगड़

ठीक ही है बापू। ऐसी लड़ाई में तुम क्या करोगे। जब कोई सिफारिश - विफारिश की बात होगी तब आ कर तुम्हारे चौखट पर ही सिर रगड़ूँगा।

वैद्यजी हँसते हैं।

रंगनाथ

यह कैसी लड़ाई लड़ रहा है।

वैद्य जी

यह धरम की लड़ाई लड़ रहा है। (जोर-जोर से हँसते हैं)

रंगनाथ

धरम की लड़ाई है तो अच्छी बात है न। आप इतना हँस क्यों रहे हैं।

प्रिंसिपल

रंगनाथ बाबू, बात ही ऐसी है। श्रीमान लंगड़ जी को तहसील से एक दस्तावेज की नकल लेनी है। और उसने कसम खा रखी है कि मैं रिश्वत नहीं दूँगा और कायदे से ही नकल लूँगा। उधर नकल बाबू ने कसम खाई है कि मैं रिश्वत नहीं लूँगा। बिना रिश्वत लिये कायदे से नकल दूँगा। बस इसी की लड़ाई चल रही है।

सनीचर

अरे यह शिवपाल गंज है।

रंगनाथ

रुको सनीचर। प्रिंसिपल साहब इसे मुझे ठीक से समझने दीजिए।

प्रिंसिपल

अरे इसमें समझना क्या है रंगनाथ बाबू।

रंगनाथ

लंगड़ को तहसील से किसी दस्तावेज की नकल चाहिए।

प्रिंसिपल

वही, यानी उसे मुकदमे के एक पुराने फैसले की कॉपी चाहिए।

रंगनाथ

मैं भी वही समझा था। अब तहसील का नकल बाबू कहता है कि बिना रिश्वत लिये वह पुराने फैसले की कॉपी निकाल कर दे देगा।

सनीचर

वही।

रंगनाथ

और लंगड़ कहता है कि वह रिश्वत नहीं देगा।

सनीचर

वही।

रंगनाथ

और यह काम कायदे-कानून से होगा।

सनीचर

वही।

रंगनाथ

फिर यह लड़ाई कैसी है भाई। मैंने इतिहास में कई लड़ाइयों के बारे में पढ़ा है। सिकंदर ने भारत में कब्जा करने के लिये आक्रमण किया था। पुरु ने, उसका कब्जा न होने पाये, इसलिए प्रतिरोध किया था। इसी कारण लड़ाई हुई थी। अलाउद्दीन ने कहा था मैं पद्मिनी को लूँगा, राणा ने कहा कि मैं पद्मिनी को नहीं दूँगा। इसलिए लड़ाई हुई थी। सभी लड़ाइयों की जड़ में यही बात थी। एक पक्ष कहता था, लूँगा। दूसरा पक्ष कहता था, नहीं दूँगा। इसी पर लड़ाई होती थी। पर यहाँ लंगड़ कहता है कि धरम से

नकल लूँगा। बाबू कहता है, धरम से नकल दूँगा। फिर भी लड़ाई चल रही है!

प्रिंसिपल

यह सरकारी दफ्तरों की दुनिया है। हाथी आते हैं, घोड़े जाते हैं, बेचारे ऊँट गोते खाते हैं।

रंगनाथ

माने? ... मैं कह रहा था कि लंगड़ और नकल बाबू के बीच चलने वाले धर्मयुद्ध का डिजाइन समझ नहीं पा रहा हूँ।

सनीचर

कह तो रहे हैं कि यह शिवपाल गंज है। और ये गँजहे माने शिवपालगंज वाले सब के सब चोंचलेबाज हैं। समझे न बाबू। थोड़े दिनों में तुम भी खुद ही समझ जाओगे कि गँजहों के चोंचले मुश्किल से ही समझ में आते हैं।

प्रिंसिपल

लंगड़ यहाँ से पाँच कोस दूर एक गाँव का रहने वाला है। बीवी मर चुकी है। लड़कों से यह नाराज है और उन्हें अपने लिये मरा हुआ समझ चुका है। समझे न। भगत आदमी है। कबीर के भजन गाया करता है। बस बैठे-ठाले एक दीवानी का मुकदमा दायर कर बैठा। मुकदमे के लिए इसको एक पुराने फैसले की नकल चाहिए थी। उसके लिए उसने तहसील में दरख्वास्त दी। दरख्वास्त में कुछ कमी रह गई इसलिए वह खारिज हो गई यानी रिजेक्ट हो गई। इस पर लंगड़ ने दूसरी दरख्वास्त दी। यहाँ तक समझ में आया?

रंगनाथ

हाँ यहाँ तक ठीक है।

प्रिंसिपल

अब आगे सुनिए। कुछ दिन बाद यह तहसील में नकल लेने गया। नकलनवीस चिड़ीमार निकला। उसने पाँच रुपये माँगे। लंगड़ बोला कि रेट दो रुपये का है। इस पर बहस हो गई। दो-चार वकील वहाँ खड़े थे, उन्होंने पहले नकलनवीस से कहा कि भाई दो रुपये में ही मान जाओ। यह बेचारा लंगड़ा है। नकल ले कर तुम्हारे गुन गायेगा। पर वह अपनी बात से बाल बराबर भी नहीं खिसका। एकदम से मर्द बन गया और बोला कि मर्द की बात एक होती है। जो कह दिया वही लूँगा। तब वकीलों ने लंगड़ को समझाया। बोले कि नकलबाबू भी घर-गिरिस्तीदार आदमी है। लड़कियाँ ब्याहनी हैं। इसलिए रेट बढ़ा दिया है। मान जाओ और पाँच रुपये दे दो। पर हमारा पट्ठा लंगड़ भी ऐंठ गया।

लंगड़

बाबू, अब यही तो होता है। तनख्वाह तो दारू-कलिया पर खर्च करते हैं और लड़कियाँ ब्याहने के लिए घूस लेते हैं।

वैद्य जी

सच तो यह है रंगनाथ, कि लंगड़ ने गलत नहीं कहा था। इस देश में लड़कियाँ ब्याहना भी चोरी करने का बहाना हो गया है। एक रिश्वत लेता है तो दूसरा कहता है कि क्या करे बेचारा! बड़ा खानदान है, लड़कियाँ ब्याहनी हैं। सारी बदमाशी का तोड़ लड़कियों के ब्याह पर होता है।

प्रिंसिपल

जो भी हो नकल बाबू बिगड़ गया। गुर्रा कर बोला कि जाओ, हम इसी बात पर घूस नहीं लेंगे। जो करना होगा कायदे से करेंगे। वकीलों ने बहुत समझाया कि ऐसी बात न करो, लंगड़ भगत आदमी है, उसकी बात का बुरा न मानो। पर उसका गुस्सा एक बार चढ़ा तो फिर नहीं उतरा। लंगड़ और नकल बाबू में बड़ी हुज्जत हुई।

लंगड़

बाबू, अब घूस के मामले में बात-बात पर हुज्जत होती ही है। पहले सधा काम होता था। पुराने आदमी बात के पक्के होते थे। एक रुपिया टिका दो, दूसरे दिन नकल तैयार। अब नये-नये स्कूली लड़के दफ्तर में घुस आते हैं और लेन-देन का रेट बिगाड़ते हैं। इन्हीं की देखादेखी पुराने आदमी भी मनमानी करते हैं। अब रिश्वत का देना और रिश्वत का लेना, दोनों बड़े झंझट के काम हो गए हैं। बहुत हुज्जत हुई बाबू। हमको भी गुस्सा आ गया। हमने अपनी कण्ठी छू कर कहा कि जाओ बाबू, तुम कायदे से काम करोगे तो हम भी कायदे से ही काम करेंगे। अब तुमको एक कानी कौड़ी न मिलेगी। हमने दरख्वास्त लगा दी है, कभी न कभी तो नंबर आयेगा ही।

प्रिंसिपल

उसके बाद लंगड़ ने जा कर तहसीलदार को सब हाल बताया। तहसीलदार बहुत हँसा और बोला शाबास लंगड़, तुमने ठीक ही किया। तुम्हें इस लेन-देन में पड़ने की कोई जरूरत नहीं है। नंबर आने पर तुम्हें नकल मिल जायेगी। उसने पेशकार से कहा, देखो, बेचारा लंगड़ चार महीने से हैरान है। अब

कायदे से काम होना चाहिए, इन्हें कोई परेशान न करे। इस पर पेशकार बोला कि सरकार, यह लंगड़ा तो झक्की है। आप इसके झमेले में न पड़ें। तब लंगड़ पेशकार पर बिगड़ गया। झाँय-झाँय होने लगी। किसी तरह तहसीलदार ने दोनों में सुलह कराई।

लंगड़

बापू अब हम जानते हैं कि नकल बाबू हमारी दरख्वास्त किसी न किसी तरह खारिज करा देगा।

वैद्य जी

दरख्वास्त बेचारी तो चींटी की जान जैसी है।उसे लेने के लिए कोई बड़ी ताकत नहीं न चाहिए।

प्रिंसिपल

हाँ वैद्य जी, आप सही कह रहे हैं। दरख्वास्त को किसी भी समय खारिज कराया जा सकता है। फीस का टिकट कम लगा है। फाइल का पता गलत लिखा है। एक खाना अधूरा पड़ा है। ऐसी ही कोई बात पहले नोटिसबोर्ड पर लिख दी जाती है, अब उसे दी गई तारीख तक ठीक न किया जाये तो दरख्वास्त खारिज कर दी जाती है।

लंगड़

इसलिए अब हमने भी पूरी तैयारी कर ली है। अपना गाँव छोड़ के यहाँ चले आये हैं। अपने घर में ताला लगा दिया है। खेत-पात, फसल, बैल-बधिया, सब भगवान के भरोसे छोड़ आये हैं। यहाँ अपने एक रिश्तेदार के यहाँ डेरा डाल

दिया है और सबेरे से शाम तक तहसील के नोटिस बोर्ड के आसपास चक्कर काटा करते हैं। कहीं ऐसा न हो कि नोटिस बोर्ड पर दरख्वास्त की कोई खबर निकले और हमें पता ही न चले। चूके नहीं कि दरख्वास्त खारिज हुई। एक बार ऐसा हो भी चुका है।

प्रिंसिपल

पट्ठे ने नकल लेने के सब कायदे रट डाले हैं। फीस का पूरा चार्ट याद कर लिया है।

वैद्य जी

आदमी का जब करम फूटता है तभी उसे थाना-कचहरी का मुँह देखना पड़ता है। लंगड़ का भी करम फूट गया है। (ठहाका मार कर हँसते हैं।)

प्रिंसिपल

पर इस बार जिस तरह से वह तहसील पर टूटा है, उससे लगता है कि पट्टा नकल ले कर ही रहेगा।

वैद्य जी

प्रिंसिपल साहब आपने पुनर्जन्म के बारे में सुना होगा।

प्रिंसिपल

कैसी बात करते है वैद्य जी। क्यों नहीं जानूँगा पुनर्जन्म के बारे में।

वैद्य जी

यह मेरा विश्वास है कि हमारी अदालतों में ही पुनर्जन्म के सिद्धांत का आविष्कार हुआ होगा। ताकि वादी और प्रतिवादी इस अफसोस को ले कर न मरें कि उनका मुकदमा अधूरा ही पड़ा रहा। इस पुनर्जन्म के सिद्धांत के सहारे वे चैन से मर सकते हैं क्योंकि मुकदमे का फैसला इस जन्म में नहीं हुआ तो क्या हुआ? अभी अगला जनम तो पड़ा ही है। हा हा हा...

लंगड़

(दीन भाव से वैद्य जी से) जाता हूँ बापू।

जाता है।

रंगनाथ

(स्वगत) कुछ करना चाहिए.... (जोर से) यह सब गलत है। कुछ करना चाहिए।

सनीचर

क्या कर सकते हो रंगनाथ बाबू। कोई क्या कर सकता है? जिसके छिलता है, उसी के चुनमुनाता है। लोग अपना ही दुख-दर्द ढो लें, यही बहुत है। दूसरे का बोझा कौन उठा सकता है? अब तो वही है भैया कि तुम अपना दाद उधर से खुजलाओ, हम अपना इधर से खुजलायें।

दृश्य दो

लंगड पाँव ऊपर की ओर मोड़ कर जमीन में
बैठा हुआ है। गमछा कमर से घुमा कर घुटनों से
नीचे पाँव से बँधा हुआ है। पास ही रंगनाथ बैठा
हुआ है।

लंगड़

समझे न बापू।
धीरे-धीरे रे मना धीरे सब कुछ होय
माली सींचे सौ घड़ा, ऋतु आये फल होय।
कबीरा, ऋतु आये फल होय।

सनीचर और प्रिंसिपल आते हैं।

सनीचर

रंगनाथ बाबू, यहाँ लंगड़ के साथ क्या कर रहे हो?

रंगनाथ

लंगड़ मुझे अपने जीवन का अनुभव सुना रहा है।

प्रिंसिपल

उसका सिर्फ एक जीवन है और उसमें सिर्फ एक अनुभव है।
सुनने वाला मिल जाये तो उसी को काफी विस्तार से बताता रहता
है। क्या हाल हैं इनके?

सनीचर

(फूहड़ हँसी हँसता है) जो बैल दुहने जाता है उसका क्या हाल होगा?

प्रिंसिपल

(लंगड़ से ऊँची आवाज में) क्या हुआ नकल मिल गई?

लंगड़

हाँ बाबू, अब मिली ही समझो। सदर से दरख्वास्त वापस लौट आई है। वैसे सदर जाने वाली दरख्वास्तें वहीं खो जाती हैं, पर मेरी खोयी नहीं। आप लोगों के चरणों का प्रताप है।

सनीचर

बहुत अच्छा लच्छन है। दरख्वास्त वापस लौट आयी है तो अब नकल मिल जायेगी।

रंगनाथ

कब मिलेगी?

लंगड़

नकल बाबू कहते थे कि तुम्हारा नंबर अब आने ही वाला है। (रंगनाथ की ओर घूम कर) तो बाबू, इतने दिन बाद, पूरा एक साल तीन महीना बीत जाने पर, अब मामला ठीक हुआ है। नकल की दरख्वास्त में अब कोई कमी नहीं रही। फाइल भी सदर से तहसील वापस पहुँच गयी है। कल तहसील गया था तो पता लगा, नकल बाबू ने अब हमारा काम हाथ में ले लिया है। आज तैयारी

हो रही होगी। फिर उसका असल से मुकाबला होगा। बस अब तीन चार दिन की कसर है।

प्रिंसिपल

इत्ते दिन मारे-मारे फिरे। किसी भी वकील के पास चले गये होते तो तीन दिन में यह काम हो गया होता।

लंगड़

वकील की दरकार नहीं थी बाबू। यह सत्त की लड़ाई थी। पाँच रुपया बाबू को दे दिया होता तो नकल तीन दिन नहीं, तीन ही घण्टे में मिल जाती। पर उस तरह न तो उसे लेना था, न मुझे देना था।

प्रिंसिपल

उसे लेना क्यों नहीं था? रुपिया दिया और उसने लिया नहीं?

लंगड़

सत्त की लड़ाई थी बापू, तुम नहीं समझोगे।

लंगड़ गमछा बिछा कर लेट जाता है। कराहता है।

सनीचर

क्या मामला है लंगड़ ठंडे पड़ रहे हो। (लंगड़ का माथा छू कर) बुखार जैसा जान पड़ता है।

दृश्य तीन

अखाड़े में छोटे पहलवान कसरत कर रहे हैं। साथ में हैं सनीचर और रंगनाथ। लंगड़ उधर से गुजर रहा है।

लंगड़

माया मरी न मन मरा, मर-मर गये सरीर।

कबीरा मर-मर गये सरीर।

आशा-तिसना ना मरी, कह गये दास कबीर।

कबीरा, कह गये दास कबीर।

छोटे पहलवान

ओ लंगड़, क्या हो रहा है जी तुम्हारे मामले में?

लंगड़

आज तो छुट्टी है बाबू। पता नहीं चल पाया। वैसे नकल तो अब बन ही गयी होगी। बन तो तभी गयी थी, पर मैं लेने नहीं जा पाया। मुझे मियादी बुखार आ गया था। उस दिन सदर की कचहरी में गिरा तो फिर उठ नहीं पाया। फिर सोचा मरना ही है तो अपने गाँव में ही मरें। गाँव पहुँचे तो वहाँ लोगों ने बताया कि मियादी बुखार है। एक दिन गाँव में कई लोग मोटर पर आये। गाँव भर की दीवारों पर न जाने क्या-क्या अँग्रेजी में लिख गये। उसके बाद बाबू, उन्होंने हमारा खून निकाला और मशीन में डाल कर देखा। अब देखो बाबू कैसा अचम्भा है इस कलयुग का कि आदमी तो हम देसी, और हमें बीमारी लगी बिलायती।

मोटर पर जो आये थे, वे बोले कि लंगड़ा बड़ा आदमी है, उसे मलेरिया हुआ है। क्या बतायें बाबू, उसी के बाद मोटरवालों ने गाँव में बड़ा काम किया। दो-तीन लोग एक-एक मशीन ले कर चारों ओर कुआँ-ताल, गड़हा-गड़ही, सभी पर किर्र-किर्र करते हुए घूमे। दो आदमी बराबर हर घर के आगे जा-जाकर गेरू से मलेरिया महारानी की इस्तुति अँग्रेजी में लिख गये। उन अच्छरों का प्रताप, बाबू, कि सारे मच्छर भाग गये। हम भी बाबू, महीना भर दुख भोग कर आपका दर्शन करने को फिर से उठ खड़े हो गये।

सनीचर

क्या बात सुनाई है, लंगड़ऊ तुमने कि
लिखे देख अँग्रेजी अच्छर,
भागे मलेरिया के मच्छर।

छोटे पहलवान

तो कहो न कि मरते-मरते बचे हो।

लंगड़

यही तो ठीक है बाबू। पर मैं जानता था कि मैं मरूँगा नहीं। भगवान के दरबार में ऐसा अंधेर नहीं हो सकता। जब तक मुझे तहसील की नकल नहीं मिल जाती, मैं मर नहीं सकता। बिना नकल देखे मेरी जान नहीं निकल सकती। मैं सत्त की लड़ाई लड़ रहा हूँ।

छोटे पहलवान

तुम साले बाँगड़ू हो। दो रुपये के पीछे जिन्दगी बरबाद किये हो। ठोक क्यों नहीं देते हो दो रुपये।

लंगड़

तुम यह बात न समझोगे बाबू। यह सत्त की लड़ाई है।

सनीचर

वाह रे लंगड़ऊ।

रंगनाथ

तुम इसे लंगड़ऊ क्यों कहते हो?

सनीचर

तो और क्या कहें? लंगड़ा है इसलिए लंगड़ कहते हैं। हमारे शिवपालगंज में जिसके मुँह में चेचक के दाग हों उसे छत्ताप्रसाद कहते हैं। जिसके कान कुश्ती लड़ते-लड़ते टूट गये हों उसे टुट्टे कहते हैं।

रंगनाथ

किसी को बुरा नाम ले कर नहीं चिढ़ाना चाहिए। उसका असली नाम लेना चाहिए।

सनीचर

(लंगड़ की ओर देख कर) तुम्हारा असली नाम क्या है जी?

लंगड़

अब तो सब लंगड़ ही कह कर बुलाते हैं, बाबू। वैसे माँ-बाप का दिया हुआ असली नाम लंगड़परशाद है।

छोटे पहलवान

(हँसता है) तो अब क्या हो रहा है, लंगड़परशाद?

लंगड़

नकल, कल-परसों तक मिल ही जायेगी। अभी से जाकर तहसील के आगे पड़ूँगा।

छोटे पहलवान

वहीं अपनी झोंपड़ी डाल लो। दौड़-धूप बच जायेगी। (हँसता है)

दृश्य चार

बस अड्डे पर लंगड़।

रंगनाथ आता है।

लंगड़

माटी कहे कुम्हार से, तू क्या रौंदे मोय।
एक दिन ऐसा आयेगा, मैं रौंदूँगी तोय।
कबीरा, मैं रौंदूँगी तोय।

रंगनाथ

बस के अड्डे पर खड़े-खड़े क्या कर रहे हो?

लंगड़

यहाँ कोई क्या करता है बाबू, आने-जाने वाले ही तो यहाँ आते हैं।

रंगनाथ

वापस जा रहे हो? इसका मतलब यह कि नकल मिल गई। कब मिली?

लंगड़

नकल तो मैंने ले ली थी बापू पर... (अपने सिर पर मुक्के मारता है) पिछली बार जब तुमसे मिला था बाबू, उसके दूसरे दिन ही मुझे गाँव चला जाना पड़ा। खबर आई थी कि बिरादरी के घर में गमी हो गई है। गाँव पहुँचते ही मुझे बुखार ने फिर दबा दिया। पूरे सत्रह दिन खटिया में पड़ा रहा। कल वापस

लौटा हूँ बाबू। तहसील में जा कर पता लगाया तो चिड़िया खेत चुग गयी थी। वहाँ वे बोले कि तुम्हारी नकल कई दिन पहले ही तैयार हो गयी थी। नोटिस बोर्ड पर इसकी इत्तला लग गयी। पर पंद्रह दिन तक उसे कोई लेने ही नहीं आया। तब उन्होंने उसे फाड़ कर फैंक दिया। नकल बना कर पंद्रह दिन तक रखते हैं। कोई न ले तो फाड़ देते हैं। मुझे यह मालूम न था।

रंगनाथ

देखो लंगड़, तुम्हारे कायदा कानून जानने से कुछ नहीं होता। जानने की बात सिर्फ एक है कि तुम जनता हो और जनता इतनी आसानी से नहीं जीतती।

रोना बंद कर बिना पलक झपकाये रंगनाथ को देखता है।

हार गये हो तो कोई बात नहीं। अपने गाँव जा कर खेती करो। कुछ दिनों बाद यह घाव अपने-आप भर जायेगा।

लंगड़

खेती कैसे करूँगा बापू, खेतों का ही तो मुकदमा चल रहा है।

रंगनाथ

तो चोरी करो। डाका डालो।

लंगड़

(थोड़ी देर सोच कर) नकल की दरख्वास्त फिर से न लगा दूँ।

फ्रीज।

प्रकाश मध्यम।

सनीचर

(नेपथ्य से) हह हह हह लंगड़वा फिर बैल दुहने चला।

तू नहीं और सही

लिव-इन रिलेशनशिप की आड़ में जीवन से जूझती एक पूर्णतया भावनात्मक मोह-प्रलोभन से निवृत स्त्री की कहानी।

पात्र - वंशी दामोदरन, राधिका, सारथी और डैनियल (डैनी)

> पूरे मंच में बहुत धुँधला प्रकाश है।
>
> दाहिनी ओर एक पलंग है जिसमें राधिका और डैनी अधलेटे हैं। बायीं ओर एक सोफा है। सोफे में कपड़े पड़े हैं। जमीन में तीन सूटकेस हैं। एक सूटकेस में वंशी बैठा हुआ है (उसे बंद करने की चेष्टा में)। पास ही सारथी खड़ा है। धीमे प्रकाश में, कलाकार अपनी-अपनी मुद्राओं में फ्रीज हैं।

दृश्य एक

> राधिका और डैनी पर प्रकाश तेज होता है। दोनों ठठा कर हँस रहे हैं।

राधिका

एक चुटकुला सुनो।

डैनी

चुटकुला?

राधिका

जोक। तो जोक यह है कि एक आदमी की बीवी, वाइफ मर गई। उसका दोस्त उसके पास गया और बोला कि मुझे बहुत दुख है कि तुम्हारी बीवी मर गयी। मैं तुम्हारे दुख को समझ सकता हूँ। सब्र करो। ऊपर वाला सब ठीक कर देगा। तुम तो अभी जवान हो, क्या पता कछ समय बाद तुमको कोई लड़की जीवन साथी के रूप में मिल जाय। तुम फिर से अपनी दुनिया बसा सकते हो। इस पर वह आदमी बोला।

डैनी

कौन, पहले वाला, जिसका वाइफ मर गया ठा।

राधिका

हाँ वही। वह बोला, कि दोस्त वह सब तो ठीक है पर आज रात का क्या होगा? ह्वाट एबाउट टुनाइट?

डैनी हँसता है।

राधिका

हँस लो डैनी, हँस लो। यह होती है तुम साले मर्दों की फितरत।

डैनी

हे, हे, राधिका, इट्स नॉट फेयर।

राधिका

अबे साले, अब तू मुझे बतायेगा कि क्या फेयर है और क्या अनफेयर। पहले बहुत भोली थी, अब नहीं हूँ। मेरा पहला प्यार वंशी दामोदरन, कभी नहीं भूलूँगी साले को। मुझे छोड़ कर तान्या के पास गया था। जानते हो क्यों? क्यों कि तान्या बहुत ग्लैमरस थी। अमीर बाप की बेटी थी। बहुत अच्छे कनेक्शन थे उसके। मैं एक छोटे-से कस्बे में पली-बढ़ी कहाँ से वह सब ग्लैमर और वह सब हाव-भाव लाती। मेरे भोलेपन का फायदा उठाया था साले ने। दूसरा मिला सारथी। हम दोनों का दोस्त। वंशी के जाने के बाद उसने मुझे बताया था कि कैसे वंशी ने दिन बाँट रखे थे। वीकेंड मेरे साथ और बाकी पाँच दिन तान्या के साथ। तुम्हारी जात का ही था ना।

डैनी

मेरी जात का !

राधिका

हाँ, वह भी मर्द था साला। (हँसती है)

दोनों फ्रीज होते है। प्रकाश धीमा होते-होते लुप्त होता है।

वंशी और सारथी पर प्रकाश तेज होता है।

दृश्य दो

वंशी और सारथी। वंशी सामान बटोर कर अटैचियों में भर रहा है।

वंशी

तू बेकार में मुझे मत फँसा हाँ। तुझे अच्छी तरह से मालूम है कि मैंने निर्णय बहुत पहले ले लिया था। बस इम्प्लीमेंट करने में देर हो रही थी।

सारथी

फिर भी अचानक, इस तरह!

वंशी

तो और किस तरह? बस दो ही तरीके हैं। या तो वह छोड़ कर जाय या मैं छोड़ कर जाऊँ। मैं ही घर छोड़ रहा हूँ।

सारथी

वंशी यार ये रिश्ते डिजिटल नहीं होते। एक और एक मिल कर दो नहीं होते बल्कि साली दो की खिचड़ी बन जाती है।

वंशी

देखो सारथी, यदि तुम मुझे नसीहत देना चाहते हो तो मत दो।

सारथी

कौन साला नसीहत दे रहा है। तू समझता नहीं है वंशी, राधिका मर जायेगी। वह दूसरे टाईप की लड़की है।

वंशी

कोई स्टाम्प पेपर पर एग्रीमेंट नहीं हुआ था। यह एक लिव-इन रिलेशनशिप था। एक सुविधा का मिलन। एक कनवीनियेंट अरेंजमेंट। बस। न ज्यादा न कम।

सारथी

जो रिश्ता दो साल के लंबे समय तक चले वह केवल एक अरेंजमेंट बन कर नहीं रह जाता। उससे आगे भी कुछ होने का दावा करता है।

वंशी

देखो यार, यह रिश्ता एकदम ठंडा पड़ गया है। लाइक ए फिश ऑन ए स्लैब। मरी हुई मछली की तरह। इस रिश्ते में कुछ दिन और रहे न तो साला रिश्ता बास मारने लगेगा। इसीलिये मैं इसे खतम करके यहाँ से जा रहा हूँ।

सारथी

लेकिन इस तरह?

वंशी

फिर वही! तो और किस तरह? किसी न किसी तरह तो अलग होना ही है न। वह मेरी दोस्त तो रहेगी ही। बस यह लिव-इन रिश्ता नहीं रहेगा।

सारथी

तो क्या रह जायेगा, लिव-आउट रिलेशनशिप। कमऑन बन्धु, हम उतने भी वेस्टर्नाइज्ड नहीं हुए हैं कि 'वी आर नो मोर लवर्स, वी आर ओन्ली फ्रेंड्स नाउएडेज'...

वंशी

बस कर यार सारथी... तू बहुत बोल रहा है।

सारथी

कम हो या ज्यादा, कैजुअल हो या लिव-इन, हिन्दी में बोलो चाहे अँग्रजी में, साला रिश्ता रिश्ता ही होता है। राधिका इस लिव-इन को परमानेंट अरेंजमेंट मान चुकी है। वंशी वह तुमको अपना पति मानती है।

राधिका का प्रवेश

राधिका

हाय हनी, हाय सारथी। क्या चल रहा है। मैं तो मर गयी यार। मीटिंग पर मीटिंग, कचूमर निकाल दिया मेरा। आज 11 बजे कॉल भी है। लाग-इन करना पड़ेगा। आज मैं खाना नहीं बना पाऊँगी। होमडेलिवरी से मँगाना पड़ेगा। क्या खाओगे, हनी।

वंशी

केवल अपने लिये मँगाओ। मेरे लिये मत मँगाना। मैं जा रहा हूँ।

राधिका

तुम दोनों का कोई प्रोग्राम है क्या? ब्वायज ओनली प्रोग्राम? (हँसती है)

वंशी

एक्चुअली, राधिका, मुझे तुमसे एक इम्पॉर्टेंट बात करनी थी, पर तुम बात करने का मौका ही नहीं दे रही हो।

राधिका

हा हा डोन्ट ब्लेम मी। वैसे आजकल तुम घर पर रहते ही कहाँ हो। सुबह मेरे उठने से पहले ही तुम निकल पड़ते हो और देर रात को लौटते हो। एनीवे बोल डालो अपनी इम्पॉर्टेंट बात। आइ एम ऑल इयर्स एण्ड आई एम ऑल योर्स। अरे वंशी, तुमने अपने सूटकेस पैक कर रखे हैं।

राधिका

हाँ...

राधिका

वो भी तीन सूटकेस। यह अचानक जा कहाँ रहे हो। और कितने दिनों के लिये जा रहे हो। तीन सूटकेस! क्या भर रखा है तुमने इनमें।

वंशी

राधिका प्लीज थोड़ी देर के लिये चुप हो जाओ और मेरी बात सुन लो।

राधिका

हाँ, यस, तुम्हारी इम्पॉर्टेंट बात। बोलो।

वंशी

मैं यह घर छोड़ कर जा रहा हूँ।

राधिका

छोड़ के जा रहा हूँ माने, हम नये घर में शिफ्ट होने वाले हैं। ओ तो यह थी तुम्हारी इम्पॉर्टेंट बात।

वंशी

हम नहीं केवल मैं।

राधिका

वंशी, तुम क्या कह रहे हो मेरी समझ में नहीं आ रहा है।

वंशी

इसमें न समझ में आनेवाली कोई बात ही नहीं है। मैं आज तुम्हारा साथ छोड़ कर जा रहा हूँ। ठीक समझीं न तुम?

विराम।

तुम्हें किसी चीज की जरूरत हो बेझिझक मुझे कॉल कर लेना। मैं इसी शहर में रहूँगा। ओके। अपना ख्याल रखना।

राधिका

वंशी तुम यह क्या कह रहे हो! क्या कर रहे हो! मुझे छोड़ कर जा रहे हो! जस्ट लाइक दैट।

वंशी

नहीं-नहीं ऐसी बात नहीं है। मैं कई दिन से तुमसे कहने की कोशिश कर रहा था, मौका ही नहीं मिला।

राधिका

वंशी...मैं...तुम... तुम्हारे बिना मैं क्या करूँगी।

वंशी

वही कर सकती हो जो मुझसे मिलने से पहले करती थीं।

राधिका

वंशी मत जाओ। सब ठीक हो जायेगा। दो साल से हम साथ-साथ हैं पति-पत्नी की तरह।

वंशी

राधिका यह पति-पत्नी का रिश्ता बीच में मत लाओ। यहाँ कोई पति-पत्नी का रिश्ता नहीं था। यह एक सुविधा का रिश्ता था। लिव-इन रिलेशनशिप। अब इस रिश्ते में नयापन नहीं है। हम अब एक दूसरे को बोर करते हैं इसलिये इसे यहीं खतम करते हैं।

राधिका

कहाँ जा रहे हो?

वंशी

मैं तान्या के साथ शिफ्ट हो रहा हूँ।

बाहर टैक्सी की आवाज।

राधिका

नहीं, तुम नहीं जा सकते वंशी। मत जाओ। सारथी वंशी को रोको। रोको इसको सारथी।

वंशी जाता है।

सारथी

वह नहीं रुकेगा राधिका। अपनी पूरी कोडिंग करके आया है। अब वह अपने लिव-इन रिलेशनशिप वर्शन 3 में चला गया है।

राधिका

क्या कहा लिव-इन रिलेशनशिप वर्शन 3?

सारथी

हाँ, तुम उसकी लिव-इन रिलेशनशिप वर्शन 2 थी। वर्शन 1 फ्लोरिडा की कोई सिंडी थी।

राधिका

उसने कभी बताया ही नहीं।

सारथी

इसमें बताने वाली बात क्या थी। समझदारी तो इसी में है कि जहाँ तक हो सके पुरानी गर्लफ्रैंड का जिक्र न किया जाय।

राधिका

सारथी, मैं तो बहुत दूर चली आई थी वंशी के साथ। फिजिकली, इमोशनली। (रोती है) फेरे नहीं लिये तो क्या हुआ? दो साल... वैसे तो बहुत कहते हैं मर्द की जबान, यहाँ पर क्या हो गई मर्द की जबान। उसी जबान से अब वह तान्या के तलुए चाट रहा है!

सारथी

तुम उससे शायद कुछ ज्यादा ही एक्सपेक्ट कर रही थीं। उसने तुमसे शादी करने का कभी कोई वचन तो नहीं दिया था।

राधिका

मना भी तो नहीं किया था सारथी। मना भी तो नहीं किया था। मैंने तो कभी अपनी भावनाओं को नहीं छिपाया। फ्रैन्ड सर्कल में तो सभी माने बैठे हैं कि हम दोनों शादी कर रहे हैं। वहाँ तो वह

कुछ नहीं बोला। इसका मैं क्या मतलब लगाती। यही न 'मौनम्
स्वीकृति लक्षणम्।'

राधिका पर स्पॉट। रोती है। फेड आउट

अँधेरे में राधिका के धीमे-धीमे रोने की आवाज।

राधिका और डैनी पर प्रकाश।

दृश्य तीन

राधिका

जानते हो डैनी, उस समय मैं गधी थी। मैं ही वंशी के मौन का मतलब नहीं पढ़ पाई थी। उस उल्लू के पट्ठे के प्यार में पड़ गई थी।

डैनी

राढिका, डोन्ट बी सो हार्श ऑन योरसेल्फ। प्यार, लव कितना वंडरफुल फीलिंग है।

राधिका

बुलशिट। वंशी के जाने के बाद साले सारथी ने सोफे में डेरा जमा दिया। चार दिन तक उसे झेलती रही। वह जाये ही नहीं। बात-बात पर करीब आना। खींच कर गले लगाना। पीठ थपथपाते हुए कमर पकड़ना... पहले तो मुझे विश्वास ही नहीं हुआ। इधर मेरी दुनिया लुट गई थी... आइ वाज कम्लीटली शैटर्ड। और इधर ये जनाब अपनी खिचड़ी पकाने में लगे हुए थे।

डैनी

खिचड़ी पका कि नहीं?

राधिका

चार दिन तक उसने सोफे में रात बिताई। पाँचवे दिन मैंने उसे बेडरूप में बुला लिया। दौड़ता हुआ, कुत्ते की तरह जीभ लपलपाता हुआ आया था।

डैनी

तो मैं तुम्हारा तीसरा लिव-इन हूँ।

राधिका

कितने आये कितने गये, नंबर मुझे याद नहीं। याद रखने की कोई जरूरत भी नहीं। बस वह अल्हड़ मासूम राधिका कहीं गुम हो गई है। मैं, मुझे तो मर्दों की आदत पड़ गई है। लिव-इन रिलेशनशिप की सैंक्टिटी है। अब मेरे लिये मर्द बस स्लीपिंग पिल्स की तरह हैं।

चिराग का भूत

आदमी की इच्छाओं का अंत नहीं। यदि आपको चिराग का
जिन्न मिल जाए तो आप उससे क्या माँगेंगे!
एक हँसी से भरपूर प्रहसन।

पात्र – बेचारा, पथिक, जिन्न और स्त्री।

दृश्य एक

> रास्ते में एक पेड़ की छाँव में बेचारा बैठा हुआ है।
> पथिक आता है।

बेचारा

अरे, मेरे साथ यह क्या हो गया। सपने मुझे दिखा के वह कहाँ
खो गया। हाय, हाय।

पथिक

(स्वगत) देखो यह पेड़ की छाँव में कौन बैठा हुआ है।
कैसा बेचारा लगता है।
किस्मत का मारा लगता है।
सूरत रोनी है।

इसके साथ हुई बात कोई अनहोनी है।
जरा पूछ कर तो देखूँ क्या दुख है इसको।
(प्रकट) क्यों भैया क्या दुख है तुमको?

बेचारा

कौन हो भाई तुम?

पथिक

मैं एक पथिक हूँ।
विश्राम करने के लिए इस पेड़ की छाँव में आया।
यहाँ आ कर तुमको बैठे पाया।
सोचा पूछ कर देखूँ क्या दुख है तुमको।
क्यों भैया क्या दुख है तुमको?

बेचारा

कोई एक दुख हो तो बताऊँ।
कोई एक गम हो तो सुनाऊँ।
यहाँ तो किस्सा इस तरह है कि
जब से मैंने होश सँभाला है,
दुखों को ही पाला है।
मुझे पहले एक दुख मिला।
उस पहले दुख से उबरा ही था कि
मुझे दूसरा दुख मिला। फिर तीसरा, फिर चौथा।
तुमको गिनती आती है?

पथिक

आती है।

बेचारा

पूरी गिनती गिन जाओगे तो भी मेरे दुखों का पार न
पाओगे।

पथिक

वह तो बता रही है तुम्हारी सूरत।
दुखों की बने हो तुम एक बड़ी मूरत।
चलो अपना कोई नया ताजा दुख सुनाओ।
तुम्हारा जी भी हल्का हो जायेगा, मेरा मन भी बहल जायेगा।
मैं कर लूँगा थोड़ा विश्राम और तुम को भी आयेगा आराम।

बेचारा

कहते हो तो बताता हूँ।
अपने गम की दास्तान सुनाता हूँ।
अभी परसों की बात है।
मैं थका माँदा अपने घर पहुँचा।
जैसे सिर मुड़ाते ही ओले बरसते हैं, मेरे घर में घुसते ही शोले
बरसते हैं।

पथिक

क्या तुम्हारी बीवी तुमको मारती है?

बेचारा

नहीं-नहीं मेरी बीवी तो बहुत अच्छी है। बस गाय समझ लो।

पथिक

गाय! गाय भी तो सींग मारती है।

बेचारा

मेरी बीवी क्या मारेगी मुझको।
बस मेरी किस्मत ही ऐसी है कि
मैं ही खा लेता हूँ उसके हाथ से मार।
कभी एक-दो कभी दो-चार।
परसों की बात बता रहा था।
बीवी ने सेब मँगाए थे और मैं खाली हाथ गया था।

पथिक

यह तो तुमने गलती की। बीवी ने मँगाए थे सेब तो ले जाते सेब।
यह कौन सी बड़ी बात थी। सेब ही तो माँगे थे।

बेचारा

हाँ माँगे तो थे उसने केवल सेब।
पर मैं कहाँ से ले जाता सेब।
सेब क्या पेड़ में उगते हैं कि जब चाहो तोड़ लो।
बाजार में मिलते हैं सेब। वह भी दो सौ रुपये किलो।
और मेरे पास बस का किराया भी नहीं था तो कहाँ से ले जाता सेब!

पथिक

क्या बीवी ने बहुत मारा। मेरे कहने का मतलब है क्या तुमने
अपनी बीवी के हाथों बहुत मार खाई?

बेचारा

हाँ आँ...फिर उसने मुझे धक्का दे कर बाहर निकाल दिया और
मेरे मुँह पर दरवाजा बंद कर दिया। खटाक।

नेपथ्य से बेचारे की बीवी की आवाज – फिर बिना सेब लिए घर आये न तो समझ लेना। ये चिमटा देख रहे हो न, इसे अँगीठी में गरम करके रखूँगी।

पथिक

फिर क्या हुआ?

बेचारा

उद्देश्यहीन, भटकता हुआ मैं यहीं आ पहुँचा। यहाँ आकर क्या देखता हूँ कि उधर पत्थरों के बीच में एक चिराग दबा हुआ है। मैंने पत्थरों को हटा कर चिराग को निकाला। बहुत ही सुंदर चिराग था। उस पर धूल और मिट्टी चिपकी हुई थी।

मैंने उस पर से मिट्टी हटाई और रुमाल से उसे साफ करने लगा। अभी मैं उसे रुमाल से रगड़ ही रहा था कि...

दृश्य दो

एक जिन्न प्रकट होता है।

जिन्न

(अँगड़ाई लेता है) इस बार तो बहुत ही लंबे अरसे के बाद किसी ने चिराग को रगड़ा। चिराग किसने रगड़ा, कौन बना मेरा मालिक?

बेचारा

भूत... भूत... भूत... भूत...

जिन्न

(स्वगत) तो ये है मेरा नया मालिक। (प्रकट) गुड इविनिंग सरकार।

बेचारा

भूत... भूत... भूत... भूत...

जिन्न

ओ मेरे आका... ओ मेरे सरकार आपने मुझको बुलाया, और मैं आया।

बेचारा

मैंने तुमको नहीं बुलाया... मैंने तुमको नहीं बुलाया।

जिन्न

अरे कैसे नहीं बुलाया! यह कौन सा जमाना है भाई ? कोई मुझे बुलाता और खुद भागता!

बेचारा

भूत... भूत... भूत...

जिन्न

डरो मत सरकार, डरो मत।

बेचारा

कौन हो तुम।

जिन्न

मैं जिन्न हूँ।

बेचारा

जिन्न?

जिन्न

हाँ जिन्न। हिंदी में भूत, उर्दू में जिन्न और अँग्रेजी में जिनी हूँ।

बेचारा

भूत...भूत... बचाओ...

जिन्न

(स्वगत) ऐसा डरपोक आदमी मैंने पहले कभी नहीं देखा। (प्रकट) मैं आपका सेवक हूँ सरकार।

बेचारा

मुझे बहुत खुशी हुई आपसे मिल कर।

जिन्न

मैं आपका सेवक हूँ सरकार।

बेचारा

भूत महाराज क्या सेवा करूँ मैं आपकी?

जिन्न

सेवा मैं करूँगा सरकार आपकी।

बेचारा

नहीं भूत महाराज... मेरे मालिक सेवा मैं करूँगा। उसके बाद आप मुझे छोड़ देना।

जिन्न

(स्वगत) ये क्या हो रहा है? मैं बहुत कनफ्यूज हो गया हूँ। (प्रकट) सरकार आप मुझे यह बतायें कि आपने मुझे क्यों बुलाया?

बेचारा

यह क्या गजब कर रहे हो भूत महाराज। मेरी हिम्मत कि मैं आपको बुलाऊँ। आप विश्वास कीजिए महाराज कि मैंने आपको नहीं बुलाया। माँ कसम।

जिन्न

अरे कैसे नहीं बुलाया! आपने उस चिराग को रगड़ा कि नहीं?

बेचारा

मैं उसे साफ कर रहा था।

जिन्न

हुकुम मेरे आका।

बेचारा

माने?

जिन्न

क्या माने?

बेचारा

अभी तुमने क्या कहा। हुकुम मुन्नका।

जिन्न

हुकुम मुन्नका नहीं, हुकुम मेरे आका।

बेचारा

इसका मतलब क्या हुआ?

जिन्न

हुकुम मेरे आका माने आप हुकुम करो मेरे मालिक।

बेचारा

कौन है तुम्हारा मालिक?

जिन्न

आप हैं मेरे आका।

बेचारा

ए भैया, क्यों मेरा मजाक उड़ा रहे हो। मैं पहले ही बहुत परेशान हूँ। मुझे और परेशान न करो। मुझे मेरे हाल पर छोड़ दो और आपना रास्ता नापो।

जिन्न

ये मैं नहीं कर सकता।

बेचारा

क्यों नहीं कर सकते। मुझे काका भी बुलाते हो...

जिन्न

काका नहीं आका।

बेचारा

जो भी हो मुझे आका-काका बुलाते हो और परेशान भी करते हो।

जिन्न

(स्वगत) वाह क्या आदमी मिला है! एक हजार साल में ही जमाना इतना बदल गया है। आदमी इतना भी बेवकूफ हो सकता है? (प्रकट) देखो मेरे आका जब कोई उस चिराग को रगड़ता है तो मैं हाजिर हो जाता हूँ। चिराग रगड़ने वाले का दास बन जाता हूँ। और वह जो भी माँगता है मैं हाजिर कर देता हूँ।

बेचारा

क्या कहा... आप चिराग रगड़ने वाले के दास बन जाते हैं!

जिन्न

जी सरकार यही प्रोटोकॉल है।

बेचारा

अलादीन के चिराग की तरह।

जिन्न

यह चिराग अभी आपके पास है सरकार और मैं आपका दास। हुकुम मेरे आका। आप जो भी माँगेंगे मैं हाजिर कर दूँगा।

बेचारा

मैं जो भी माँगूँ तुम दे सकते हो!

जिन्न

हाँ सरकार आपने चिराग रगड़ कर मुझे बुलाया और मैं चला आया। अब आप जो भी माँगोगे मैं हाजिर कर दूँगा। हुकुम मेरे आका।

बेचारा

तुम यह बार-बार हुकुम मेरे आका मत बोलो। मुझे डर लगता है और भागने का दिल करता है।

जिन्न

बोलना पड़ता है सरकार। यह हमारे कोड ऑफ कंडक्ट में लिखा हुआ है।
दिन का न रात का
बासमती भात का
हुकुम मेरे आका

बेचारा डरता है।

डरिए मत सरकार! माँगिए। हुकुम मेरे आका।

बेचारा

क्या माँगूँ। प्यास लगी है, घर से बाहर निकालने से पहले बीवी ने पानी भी नहीं पिलाया। भूत महाराज आप एक पानी का गिलास हाजिर कर दीजिए।

जिन्न

अभी लीजिए सरकार। ... ओह...वोह... सरकार पानी का गिलास?

बेचारा

हाँ पानी का गिलास।

जिन्न

(खिसियानी हँसी) सरकार माफ कीजिए। यह मैं नहीं कर सकता।

बेचारा

क्यों?

जिन्न

मुझे नहीं मालूम यह पानी का गिलास क्या होता है। सोने का गिलास होता है, चाँदी का गिलास होता है पर पानी का गिलास क्या होता है, मुझे नहीं मालूम।

बेचारा

पानी का गिलास माने एक गिलास में पानी।

जिन्न

ओ आपको पानी चाहिए। ऐसा बोलिए न। यह लीजिए सरकार। (पानी का गिलास थमाता है)

बेचारा

अरे, यह आपने कैसे किया? वाह आप तो बहुत कमाल के भूत हैं।

जिन्न

डाँटा न टोका
बढ़ के हाथ रोका
हुकुम मेरे आका

नेपथ्य से बेचारे की बीवी की आवाज – फिर बिना सेब लिए घर आये न तो समझ लेना। ये चिमटा देख रहे हो न, इसे अँगीठी में गरम करके रखूँगी।

बेचारा

आप मुझे सेब ला कर दे सकते हैं।

जिन्न

सेब?

बेचारा

हाँ सेब।.... एपल।

जिन्न

ओ एपल! यह लीजिए सरकार। (अपने लबादे से सेब निकाल कर देता है)

बेचारा

भूत महाराज?

जिन्न

देखा न ताका
किस्मत पताका
हुकुम मेरे आका

बेचारा

मुझे अमीर बना दीजिए।

जिन्न

अरब का अमीर सरकार?

बेचारा

कहीं का भी बनाइए पर बनाइए अमीर।

जिन्न

अभी लीजिए सरकार।

बिजली चमकती है। प्रकाश झिलमिल होता है और झीने दुपट्टे में एक लड़की प्रकट होती है।

बेचारा

यह क्या!

जिन्न

लड़की सरकार।

बेचारा

लड़की क्यों?

जिन्न

सरकार अमीर आदमी का बहुत बेगम। रिच मैन, मैनी वाइभ्ज। जितना बड़ा अमीर उतना बड़ा हरम।

बेचारा

ओ भूत मालिक, ओ जिन्न महाराज अमीर बनने के लिए रुपये चाहिए। लड़की नहीं। क्या तुम मुझे रुपये दे सकते हो?

जिन्न

पीछे से चटका
आगे से पटका
जोर का झटका
हुकुम मेरे आका।

बेचारा

मुझे 100 रुपये दो।

जिन्न

यह लीजिए। (उछल कर अपने लबादे से नोट निकाल कर देता है।)

बेचारा

मुझे 10,000 रुपये दो। (अपने लबादे से नोटों की गड्डी निकाल कर देता है।)

जिन्न

यह लीजिए।

बेचारा

अरे वाह। आप तो बहुत ही काम के भूत निकले। अब मुझे बीवी से मार खाने की जरूरत नहीं। जो-जो चाहिए माँग लेता हूँ। भूत महाराज एक पेन चाहिए।

जिन्न

यह लीजिए। (देता है)

बेचारा

कागज चाहिए।

जिन्न

यह लीजिए। (देता है)

बेचारा

आप यह कागज और कलम लीजिए। मुझे जो-जो चाहिए मैं बोलता हूँ। और आप लिखते जाइए।

जिन्न

मल का न माल का
घोड़ी के नालका
बिन पानी नलका
हुकुम मेरे आका

बेचारा

लिखिए बाटा शू कंपनी का एक जोड़ी जूता। नहीं-नहीं दो जोड़ी जूते। दोनों के साइज सात। रेमंड कंपनी के दो उलन पैंट। एरो कंपनी की दो शर्ट। जॉकी कंपनी के आधे दर्जन अंडरवीयर। इसको एक दर्जन कर दीजिए। लिखा।

जिन्न

हाँ सरकार लिखा।

बेचारा

आगे लिखिए, ओल्ड स्पाइस का आफ्टरशेव लोशन, जिलेट का शेविंग किट, बनारस की जरी वाली दो साड़ियाँ, एक हरी और एक धानी...

बेहोशी का संगीत। जिन्न लिखते-लिखते बेहोश हो जाता है। बेचारा पानी छिड़क कर उसे होश में लाता है। और फिर लिखाता है।

जिन्न

सरकार आप इतने लालची आदमी हैं। लिखते-लिखते मैं बेहोश हो गया। हाथ दुख रहा है। अब और मैं नहीं लिख सकता।

बेचारा

ठीक है अभी आप इतना सामान ला दीजिए। बाकी मैं बाद में बोलता हूँ।

जिन्न

अभी और है... और यह लिस्ट तो बहुत बड़ी है। मैं कैसे करूँगा इतना काम!
(स्वगत)
मेरी हिस्ट्री में मुझे बहुत किस्म के लोग मिले।
बहुत लोगों ने इस चिराग को रगड़ा।
किसी ने कहा दीनार दो, तो किसी ने कहा मीनार दो।
कोई बोला शबाब दो,
तो कोई बोला साथ में शराब और कबाब दो।
कोई ताजमहल माँगा तो कोई मुमताज महल।
पर यह आदमी तो एकदम आम आदमी है।
मैं पूछता हूँ कि क्या चाहिए धन, दौलत, लड़की?
और यह माँगता है नून, तूल और लकड़ी!

बेचारा

ओ भूत महाराज। सामान जल्दी ले आइए। मुझे अपनी बीवी को सरप्राइज देना है।

जिन्न

सरकार इतना सामान लाते-लाते तो मुझे महीना लग जायेगा। मुझे जल्दी है। चिराग में जा कर सोना है।

बेचारा

अभी तो मैंने पूरा सामान बताया ही नहीं। पहले मेरा पूरा काम कर दीजिए।

जिन्न

(स्वगत) मर गए। अब मैं इससे कैसे छुटकारा पाऊँ! आइडिया! (प्रकट) सरकार अगर आप अमर हो जायें तो कितना अच्छा होगा।

बेचारा

अमर माने?

जिन्न

अमर माने अमर। आपका नाम लोग सदियों तक याद करते रहेंगे।

बेचारा

इससे मुझे क्या फायदा होगा।

जिन्न

आप इम्मॉर्टल हो जाएँगे। आपकी संतान, आपकी संतान की संतान, आपकी संतान की संतान की संतान, यानी पुश्त-दर-पुश्त आपकी आल फ्यूचर जनरेशन आपको याद करेगी।

बेचारा

यह कैसे होगा! क्या आप ऐसा कर सकते हैं?

जिन्न -

कल अक्का आज बक्का
लगाओ जोर का धक्का
हुकुम मेरे आका

बेचारा

भूत तुम मुझे अमर कर दो।

जिन्न

यह लीजिए सरकार। वह देखिए क्या है?

कुछ क्षणों के लए प्रकाश झिलमिलाता है और बिजली कड़कती है।

बेचारा

कहाँ?

जिन्न

उस तरफ।

बेचारा

वहाँ तो एक बहुत बड़ा जूता दिखाई पड़ रहा है।

जिन्न

वह जूता नहीं है सरकार, वह एक बहुत बड़ी बिल्डिंग है। शू पैलेस। जूता महल।

बेचारा

जूता महल !

जिन्न

हाँ जूता महल आप ताजमहल के बारे में जानते हैं न?

बेचारा

हाँ।

जिन्न

जैसे ताजमहल को देख कर लोग शहंशाह शाहजहाँ को याद करते हैं वैसे ही जूता महल देख कर लोग आपको याद करेंगे।

बेचारा

कैसे?

जिन्न

मैं आपको मार कर आपकी कब्र के ऊपर जूता महल बनाऊँगा। जैसे ताजमहल के नीचे शहंशाह शाहजहाँ वैसे ही जूता महल के नीचे आप। जैसे शहंशाह शाहजहाँ अमर हैं, वैसे ही आप अमर हो जायेंगे।

बेचारा

तू साला भूत। मुझे मारना चाहता है। मुझे! तुमने मुझे मार दिया तो मैं अपनी बीवी को क्या मुँह दिखाऊँगा। अमर बनायेगा मुझे! अरे तू क्या अमर बनायेगा मुझे। दूर हो जा मेरी नजरों से नहीं तो अपने इस जूते से मार-मार कर तेरा भुरकस निकाल दूँगा।

जिन्न

देखा न ताका
किस्मत पताका
हुकुम मेरे आका
जो हुकुम मेरे आका। जो हुकुम मेरे आका। हा हा हा हा

जिन्न हँसते हुए गायब हो जाता है।

दृश्य तीन

बेचारा

मेरे दूर हो जा कहते ही वह जिन्न गायब हो गया। वह चिराग भी गायब हो गया।

पथिक

यानी वो जिन्न चला गया। तुम्हारा सामान भी नहीं आया। चिराग भी चला गया!

बेचारा

पता नहीं कहाँ गया। मैंने बहुत खोजा नहीं मिला। या तो जमीन खा गयी या आसमान निगल गया।

पथिक

(लंबी साँस खींच कर) वह चिराग अब नहीं मिलेगा।

बेचारा गौर से पथिक को देखता है।

बेचारा

तुम्हें कैसे मालूम कि अब चिराग नहीं मिलेगा? कौन हो तुम?

पथिक

तुम्हारी तरह ही एक किस्मत का मारा।

बेचारा

वो कैसे?

पथिक

वह चिराग का भूत... जिन्न तुमसे छुटकारा पाना चाहता था। पर तुम्हारी मर्जी के बिना यह संभव नहीं था। वह तुमको गुस्सा दिलाना चाहता था ताकि तुम गुस्से में उसे चले जाने को कहोगे और वह चिराग में घुस जाएगा। पर चिराग ही गायब हो गया। वह बेचारा लटक गया बीच में ही। चिराग में तो घुस नहीं पाया। चिराग के बिना उसका जादू भी बेकार हो गया। अब वह जिन्न से साधारण आदमी बन गया है।

बेचारा

तुम को यह सब कैसे मालूम?

पथिक

क्यों कि मैं ही वह जिन्न हूँ... था।

बेचारा डरता है

डरो मत। अब मैं भी एक बेचारा हूँ।

बेचारा

अपने लिए नहीं तो तुम्हारे लिए चलो चिराग को खोजते हैं।

पथिक

मैंने कहा न अब वह चिराग नहीं रहा। जब तुम अमीर बनना चाहते थे तो मैंने तुमको एक बेगम ला कर दी थी। वह कोई और नहीं तुम्हारी ही बीवी थी। तुम उस भेष में उसे नहीं पहचान पाये थे। वह जाते समय चिराग को अपने साथ लेती गयी। उस समय मैंने भी ध्यान नहीं दिया। मुझे बहुत बाद में पता चला।

बेचारा

यह तो अच्छा हुआ चिराग घर में ही है। तुमको तुम्हारा घर मिल जायेगा और मुझे मेरा सामान। लिस्ट तो तुम्हारे पास होगी ही।

पथिक

तुम्हारी बीवी चिराग लेकर सीधे लोहार के पास गयी थी। चिराग को गला कर उसने एक कटोरी बनवा ली है।

बेचारा

माने?

पथिक

माने चिराग गया। न मैं जिन्न बन सकूँगा और न तुम्हारा सामान आयेगा।

बेचारा

अब तुम क्या करोगे?

पथिक

कुछ नहीं। तुम्हारे साथ तुम्हारे घर चलता हूँ। (बेचारा भागने की कोशिश करता है, पथिक उसे पकड़ लेता है) अब तुम्हीं को मुझे पालना पड़ेगा। मुझे तो कुछ आता ही नहीं है।

कौन हो तुम बृहन्नला

बृहन्नला के प्रति उत्तरा की जिज्ञासा के माध्यम से समाज के हाशिये पर खड़े किन्नरों की दशा में झाँकता हुआ नाटक।

पात्र – अर्जुन (बृहन्नला), उर्वशी, सैरंध्री और उत्तरा।

दृश्य एक

विराटनगर राजप्रासाद की रंगशाला। अर्जुन बृहन्नला के वेश में।

बृहन्नला

उत्तरा पूछती है - कौन हो तुम बृहन्नला? क्या उत्तर दूँ उसको? मैं कुछ भी तो नहीं कह सकती। उसे पहले ही शंका है कि मैं जो दिखती हूँ वह नहीं हूँ। हँ.. हँ मुझे कोई शंका नहीं है। मैं जो थी वह अब नहीं हूँ। (खड़े-खड़े एक चक्कर घूमते हुए) और अभी मैं जो दिखती हूँ, वही हूँ। उत्तरा की आँखें सैरंध्री का पीछा करने लगी हैं। उसे शंका हो चली है कि सैरंध्री से मेरा कोई-न-कोई संबंध अवश्य है। क्या उसे यह शंका भी हो चली है कि सैरंध्री ने ही कीचक का वध करवाया है? यदि उसे मालूम हो गया तो अनर्थ हो जाएगा। अगर उत्तरा पर मेरा परिचय प्रकट हो गया तो यह

अज्ञातवास, अज्ञातवास नहीं रह जाएगा। हमें फिर 12 साल का वनवास। नहीं। मुझे नींद में भी सावधान रहना पड़ेगा।

विराम

कैसे कह दूँ उससे कि मैं अर्जुन हूँ और माता उर्वशी का दिया शाप भोग रहा हूँ। उसे तो भनक भी नहीं पड़नी चाहिए।

प्रकाश धीमा होते-होते लुप्त हो जाता है।

कुछ क्षणों बाद मंच में नीला-पीला प्रकाश।

अर्जुन ध्यानमग्न बैठा है।

उर्वशी का प्रवेश। झिलमिल परिधान में स्वप्निल छाया की तरह लग रही है।

अर्जुन

कौन?

उर्वशी

(छाया लहराती है) मैं हूँ।

अर्जुन

मैं कौन?

उर्वशी

मैं वह अप्सरा हूँ जिसे देख कर बड़े-बड़े ऋषि-मुनि अपनी तपस्या भूल जाते हैं। जिसकी कामना में चक्रवर्ती सम्राट अपना राजपाट भूल जाते हैं। मैं इन्द्रलोक की उर्वशी हूँ, अर्जुन। आज तुम्हारे पास आई हूँ।

अर्जुन

मेरे कक्ष में आपका स्वागत है माता।

उर्वशी

माता! (हँसती है)। यह कैसा संबोधन है अर्जुन! मैं इन्द्रलोक की अप्सरा उर्वशी हूँ। मैं तुम्हारी माता नहीं हूँ। (पास जाती है) मैं तो रति क्रीड़ा के लिए यहाँ तुम्हारे पास आई हूँ।

अर्जुन दूर हटता है।

क्या हुआ अर्जुन, इस तरह छिटक कर दूर क्यों चले गये!

अर्जुन

यह असंभव है माता। आप मेरे पूर्वज पुरुरवा की प्रेयसी रह चुकी हैं। मैंने सदा आपको माता के रूप में ही देखा है।

उर्वशी

फिर माता! यह कैसी नासमझी की बातें कर रहे हो अर्जुन। अप्सराओं से मातृत्व की आशा कर रहे हो! अप्सराएँ भोग्या होती हैं। संबंधों में बँधने की नियति नहीं है उनकी। तुम्हें देख कर तो मेरा काम जाग उठा है। अपनी कामवासना के शमन के लिए मैं तुम्हारे कक्ष में आई हूँ।

अर्जुन

यह... यह असंभव है माता।

उर्वशी

क्या! तुम मेरा तिरस्कार कर रहे हो?

अर्जुन चुप रहता है।

उर्वशी

(क्रुद्ध होती है। उसके झिलमिल परिधान से चिंगारियाँ फूटती हैं।) तुम्हारा ऐसा दुस्साहस! मैं यहाँ तुम्हारे पास संभोग के लिए आई हूँ। देवराज इन्द्र की अनुमति से आई हूँ। और तुम मेरा अपमान कर रहे हो! स्वर्ग की अप्सरा उर्वशी का तिरस्कार कर रहे हो?

अर्जुन

मुझे क्षमा करें।

उर्वशी

क्षमा नहीं मैं तुम्हें शाप दूँगी।

अर्जुन

आपका दिया शाप मेरे लिए माता का आशीर्वाद होगा।

उर्वशी

आज तुमने मेरे रति-निमंत्रण को ठुकराया है, आज से तुम किसी भी रति-निमंत्रण को नहीं ठुकरा पाओगे। इसलिए नहीं ठुकरा पाओगे क्यों कि अब तुम कभी रति-क्रिया के योग्य ही नहीं रहोगे। तुम एक नपुंसक की तरह जीवन व्यतीत करोगे। न स्त्री, न पुरुष। एक क्लीव। न स्त्री न पुरुष। पौरुषविहीन एक क्लीव।

मंच पर रंगबिरंगे प्रकाश का खेल।

उर्वशी जाती है।

जब प्रकाश स्थिर होता है, मंच पर केवल बृहन्नला है।

बृहन्नला

न स्त्री न पुरुष। (खड़े-खड़े एक चक्कर घूमते हुए) पौरुषविहीन एक क्लीव। नृत्य और गायन का पर्याय, इन्द्रलोक की अप्सरा, ब्रह्मांड की सर्वांग सुंदरी माता उर्वशी, और इतना कठोर शाप! वह भी इसलिए कि मैंने उनको माँ के रूप में देखा। हो सकता है वे नहीं चाहती हों कि एक अप्सरा की परिभाषा बदले। उनका यही मानना हो कि अप्सरा एक भोग्या है बस, यही उसका अस्तित्व है। इसके परे कुछ और नहीं। न माँ, न बहन, न पत्नी, बस एक भोग्या। यदि ऐसा था भी तो शाप बहुत कठोर था। एक अप्सरा के अस्तित्व की रक्षा के लिए अर्जुन का अस्तित्व बलि पर चढ़ गया! वह तो मेरा भाग्य अच्छा था कि देवराज इन्द्र को मुझ पर दया आ गयी। उन्होंने माता उर्वशी से कह कर, मेरे शाप की अवधि घटा कर केवल एक साल कर दी। मैं अर्जुन आज एक नपुंसक नचनिया बन कर शाप का वही साल भोग रहा हूँ। उस दिन मैंने माता उर्वशी से कहा था कि आपका दिया शाप मेरे लिए माता का आशीर्वाद होगा और सचमुच शाप वरदान सिद्ध हो रहा है। अज्ञातवास के इस साल में ही मैं वह शाप भुगत रहा हूँ। मुझे कौन पहचानेगा इस वेश में।

दुर्योधन सपने में भी नहीं सोच सकता है कि मेरे हाथ में कंगन और पाँव में पायल होगी। दुर्योधन ही क्यों स्वयं मैं अपने इस अस्तित्व को स्वीकार नहीं कर पा रहा हूँ। शाप ने मुझे पूर्णरूप से अपूर्ण

बना कर रख दिया है। अब मैं एक पौरुष विहीन पुरुष हूँ। मेरे पाँव में घुँघुरू हैं। इन घुँघुरुओं की झनकार, मेरे मानस पर प्रकृति का एक परुष-प्रहार है। क्या फिर कभी उठेगा गाण्डीव इन हाथों से। और उत्तरा पूछ रही है कि कौन हो तुम बृहन्नला? हुँह।

उत्तरा का प्रवेश। बृहन्नला नाट्य मुद्रा बनाती है। उत्तरा उसका अनुसरण करती है। उसकी दृष्टि बृहन्नला की भुजाओं की ओर जाती है, वह नाचना छोड़ कर उसके पास जाती है।

उत्तरा

तुम्हारी भुजाएँ बलिष्ठ हैं, पर तुम्हारे हाथों में कंगन है। पुरुष लगती हो पर पाँव में घुँघुरू हैं। कौन हो तुम, बृहन्नला?

बृहन्नला

राजकुमारी मैं देख रही हूँ ध्यान भटक रहा है तुम्हारा।

उत्तरा

हाँ बृहन्नला, ध्यान भटक रहा है मेरा। जब तुम सामने होती हो तो मैं तुम्हारे बारे में सोचने लगती हूँ कि तुम क्या हो? स्त्री हो, पुरुष हो?

बृहन्नला

मैं एक नपुंसक हूँ।

उत्तरा

नपुंसक तो शरीर होता है। शरीर में किसका वास है स्त्री का या पुरुष का?

बृहन्नला

(ऊँची आवाज में) राजकुमारी! (शांत हो कर) मैं तुम्हारे इन प्रश्नों में उच्छृंखलता का आभास पाती हूँ, राजकुमारी। मैं हिजड़ा हूँ पर यह मत भूलो कि मैं यहाँ एक गुरु हूँ। इस रंगशाला में तुम मेरी शिष्या हो।

उत्तरा

(नतमस्तक हो कर) बृहन्नला, मैंने तुम्हें अपना गुरु माना है। मैंने तुम्हें साष्टांग दण्डवत किया है। मैं उच्छृंखल नहीं हूँ। हाँ कौतूहल अवश्य है। मैं धृष्ट नहीं हूँ बृहन्नला। मेरी विडंबना यह है कि मैं तुम्हें क्या कहूँ, गुरुदेव कहूँ या गुरुदेवी।

बृहन्नला

तुम तो संबोधन को ले कर उलझ रही हो, उत्तरा। मुझे कोई अंतर नहीं पड़ता, गुरुदेव कहो या गुरुदेवी। क्योंकि मेरा जो अस्तित्व है उसे तो समाज में मान्यता ही नहीं है। जिस तरह कोई अपनी इच्छा से पुरुष या स्त्री नहीं बन पाता उसी तरह अपनी इच्छा से कोई नपुंसक भी नहीं बनता। इसलिए तुम बस नृत्य में अपना ध्यान दो।

उत्तरा नृत्य मुद्रा में खड़ी रहती है। बृहन्नला को देखती रहती है।

मुझे लगने लगा है कि नृत्य तुम्हारे लिए शारीरिक व्यायाम के अतिरिक्त कुछ और नहीं है। इस तरह तो तुम कभी कुशल नृत्यांगना नहीं बन सकती उत्तरा।

उत्तरा

मैं उत्तरा हूँ। मत्स्यदेश की राजकुमारी। महाराजा विराट की पुत्री। मुझे नृत्य कला में कुशल होना है। कुशल नृत्यांगना नहीं बनना है। किन्तु बृहन्नला, तुमने मेरे प्रश्न का उत्तर नहीं दिया। मेरे भीतर एक कौतूहल है। मुझे बार-बार क्यों ऐसा प्रतीत होता है कि तुम वह नहीं हो जो दिखती हो। तुम्हारे शरीर में किसका वास है, स्त्री का या पुरुष का?

बृहन्नला

एक वर्ष पूरा होने को आ रहा है। एक वर्ष से मैं तुम्हें नृत्य सिखा रही हूँ। आज तुम्हें यह पूछने की आवश्यकता कैसे पड़ गई कि मैं कौन हूँ।

उत्तरा

है आवश्यकता बृहन्नला। है आवश्यकता। मेरे राज्य में अनहोनी, अविश्वसनीय घटनाएँ घट रही हैं। मेरे मामा कीचक को एक पशु की तरह मारा गया है। कीचक एक विकट योद्धा थे। राज्य के सेनापति थे। उनको मारने वाला साधारण व्यक्ति तो हो ही नहीं सकता।

बृहन्नला

राजकुमारी तुम मुझसे यह सब क्यों कह रही हो। इस घटनाचक्र में मैं कहाँ आती हूँ।

उत्तरा

मेरे मामा की हत्या के पीछे कहीं न कहीं सैरंध्री अवश्य आती है। और पता नहीं क्यों मुझे ऐसा लगता है कि तुम सैरंध्री के विषय में बहुत कुछ जानते हो।

बृहन्नला

कहीं ऐसा तो नहीं कि तुम साँप समझ कर रस्सी को पीट रही हो?

उत्तरा

जिस राज्य में तुम एक साल से हो उस राज्य के सेनापति की हत्या हो जाती है। हत्या का समाचार सुनकर तुम्हारे चेहरे पर एक विद्रूप हँसी का भाव उभरा था। मैंने सैरंध्री के चहरे के भाव भी देखे थे। वह बहुत ही आल्हादित लग रही थी। सैरंध्री और तुम्हारे चेहरे पर...

बृहन्नला

सैरंध्री के प्रसन्न होने पर मुझे आश्चर्य नहीं होता। कीचक भले ही तुम्हारा मामा हो पर था वह एक नीच घमंडी। उसकी मृत्यु से मुझे सुख ही मिला था। अन्यथा मैं तो आशंकित थी कि जिस राज्य में सेनापति भरी राजसभा में एक स्त्री के बाल खींच कर उसे लात मार कर उसका अपमान कर सकता है उस राज्य में तो मेरे ऐसे नपुंसक भी सुरक्षित नहीं हो सकते।

उत्तरा

क्या तुम इतनी कठोर हो बृहन्नला!

बृहन्नला

अपने अस्तित्व की रक्षा के लिए कठोर होना ही पड़ता है, राजकुमारी। यदि कीचक मेरे पीछे पड़ जाता तो क्या तुम अथवा महाराज मेरी रक्षा कर पाते!

उत्तरा

बृहन्नला, यह मत भूलो कि तुम इस राज्य की आश्रिता हो।

बृहन्नला

तभी तो पूछ रही हूँ। सैरंध्री भी इस राज्य की आश्रिता है। और कीचक इस राज्य का सेनापति था। यानी रक्षक ही भक्षक भी था।

विराम

कीचक व्यभिचारी था। यह सर्वविदित है कि उसने सैरंध्री का घोर अपमान किया था। ऐसे में कीचक की मृत्यु पर सैरंध्री को तो हार्दिक प्रसन्नता होनी चाहिये। यदि तुमने उसके चेहरे पर आल्हाद-भाव देखा तो इसमें आश्चर्य क्या है?

उत्तरा

ठीक है सैरंध्री के बारे में तुम्हारा तर्क सही हो सकता है। पर तुम क्यों प्रसन्न हो। क्या तुम विश्वास करती हो कि मामा कीचक इतनी सुंदरियों को छोड़ कर तुम्हारे पीछे पड़ जाते!

बृहन्नला

जो व्यभिचारी है, अनाचारी है, उसके लिए स्त्री क्या, नपुंसक क्या, वह तो पुरुषों के पीछे भी पड़ सकता है।

उत्तरा

यह तो अतिशयोक्ति पूर्ण बात है।

बृहन्नला

नहीं, इसमें कोई अतिशयोक्ति नहीं है। कोई भी व्यभिचारी अपने सामने किसी को कुछ देखता ही नहीं है। बस वह रहता है और उसका अहम। अपने अहम की ज्वाला को जलाये रखने के लिए

वह किसी का भी होम कर सकता है, चाहे वह नपुंसक ही क्यों न हो।

उत्तरा

(कुछ देर चुप रहने के बाद) मेरा मन कहता है कि तुम वह नहीं हो जो दिखती हो। तुम्हारा दूसरा भी परिचय है। कौन हो तुम बृहन्नला?

बृहन्नला

बार-बार वही प्रश्न क्यों दोहराती हो? बार-बार पूछने से सत्य नहीं बदल जाता। तुम्हारे मन की तुम जानो, पर मैं तो वही हूँ जो दिखती हूँ। एक नपुंसक। तुम्हारी समस्या क्या है राजकुमारी? यहाँ अपनी वास्तविकता बताते-बताते मेरा गला सूख रहा है और तुम हो कि बार-बार वही प्रश्न दोहरा रही हो। अरे मैं नपुंसक हूँ, नपुंसक, पूर्ण विराम। नपुंसक होना अपराध है क्या?

उत्तरा

मैं तुम्हारे क्लीव होने की बात नहीं कर रही हूँ। मुझे लगने लगा है कि तुम्हारे शरीर में ऐसी आत्मा वास करती है जो क्लीव नहीं है। मैंने तुम्हारी आँखों में सैरंध्री के प्रति अनुराग देखा है।

सैरंध्री का प्रवेश। तिरछी दृष्टि से बृहन्नला को देखती है। बृहन्नला मर्माहत होती है।

सैरंध्री

राजकुमारी की जै हो।

उत्तरा

आओ सैरंध्री। कहो किससे मिलने आई हो, बृहन्नला से?

सैरंध्री

नहीं राजकुमारी। बृहन्नला से मेरा क्या काम?

उत्तरा

तो क्या मुझसे कुछ काम है?

सैरंध्री

आज महारानी सुदेष्णा का मन ठीक नहीं है। आज उन्हें अपना श्रृंगार नहीं करवाना है। इसलिए मैं इधर चली आई। शायद आपको मेरी आवश्यकता हो।

उत्तरा

नहीं सैरंध्री। मुझे तुम्हारी आवश्यकता नहीं है।

सैरंध्री

आप बहुत सुन्दर हैं, राजकुमारी। आपको देख कर लगता है कि साक्षात् उर्वशी धरती पर उतर आई है। (तिरछी दृष्टि से बृहन्नला को देखती है) क्यों बृहन्नला मैं ठीक कह रही हूँ न? तुमने तो राजकुमारी को बहुत पास से देखा है।

बृहन्नला उत्तर नहीं देती है।

यदि कहें तो मैं आपका केश-विन्यास कर दूँ।

उत्तरा

नहीं सैरंध्री। केश-विन्यास का न अवसर है और न इच्छा। राजपरिवार अभी तक कीचक-वध से नहीं उभरा है। (पैनी दृष्टि से सैरंध्री को देखती है) तुम बृहन्नला का श्रृंगार क्यों नहीं करती?

सैरंध्री

(उत्तरा से छिपा कर बृहन्नला की ओर मुस्कान फैंकती है) मैं महारानी सुदेष्णा की सैरंध्री हूँ। और मैं नपुंसकों का श्रृंगार नहीं करती।

उत्तरा

ऐसा क्यों कहती हो सैरंध्री। कोई अपनी इच्छा से तो नपुंसक नहीं बनता है। क्या नपुंसकों को बनने-सँवरने का दिल नहीं करता?

सैरंध्री

राजकुमारी, आपका हृदय बहुत कोमल है। कितना ध्यान रखती हैं आप अपनी गुरुआनी का। (बृहन्नला की ओर देखती है)। मेरे कहने का तात्पर्य यह था कि मैं राजपरिवार से बाहर वालों का श्रृंगार नहीं करती और नपुंसकों का श्रृंगार इसलिए नहीं करती कि मुझे नहीं मालूम उनकी रूप-सज्जा स्त्रियों की तरह करूँ या पुरुषों की तरह।

उत्तरा

पुरुषों की तरह।

सैरंध्री

क्यों? बृहन्नला में आपको पुरुष दिखाई पड़ता है? वह जिस तरह से आपको देखती है, उससे मुझे लग रहा है जैसे उसका भी दिल आप पर आ गया हो।

उत्तरा

सैरंध्री, यह तो असंभव है। बृहन्नला पुरुष होती तो अवश्य वांछनीय होती और मैं चाहती वह मुझ पर मुग्ध हो। पर वह तो...

सैरंध्री

वह तो क्या राजकुमारी, क्या नपुंसकों का दिल नहीं होता?

बृहन्नला

सैरंध्री, किसने कह दिया कि नपुंसकों के पास दिल भी होता है। यह समाज मानता है कि नपुंसक, नपुंसक होते हैं। उनके पास दिल नहीं होता है। दिल तो पुरुष के पास होता है। दिल स्त्री के पास होता है। नपुंसकों को भावना-शून्य होना चाहिए। दिल-विल का उनके पास क्या काम!

उत्तरा

यह क्या कह रही हो बृहन्नला। मेरा अभिप्राय तुम्हारा दिल दुखाने का नहीं था।

बृहन्नला

राजकुमारी तुम एक नपुंसक व्यक्ति का दिल नहीं दुखा सकती। जन-साधारण की मान्यता है कि नपुंसक के पास दिल ही नहीं होता। लोग तो नपुंसक को व्यक्ति ही नहीं मानते। यदि नपुंसक

समाज का व्यक्ति है तो उसे व्यक्तिगत विस्तार क्यों नहीं मिलता? उसे व्यक्तिगत स्वतंत्रता क्यों नहीं मिलती! क्लीव रास्ते में बैठा एक अवांछित कुत्ते की तरह होता है। जब जिसका मन आया लात मार कर चला गया। कोई नपुंसक दिखा नहीं कि उस पर ताने कसने के लिए लोग तैयार रहते हैं। फूहड़ से फूहड़ ताने जिनको सुन कर ही उबकाई आती है। जनसाधारण का मौलिक अधिकार बन गया है किसी नपुंसक की खिल्ली उड़ाने का।

सैरंध्री

जो साधारण नहीं है वह दिखता तो है ही। चाहे वह लूला हो, चाहे लँगड़ा हो, चाहे अंधा हो, चाहे नपुंसक हो। जो थोड़ा हट के हैं, जन-साधारण या तो उनसे डरता है, या उनकी पूजा करता है, या उनकी खिल्ली उड़ाता है। यह तो होता रहता है।

बृहन्नला

नहीं सभ्य समाज में ऐसा नहीं होना चाहिए। मर्यादा की सीमा का उल्लंघन नहीं होना चाहिए। यह तो होता रहता है वाले समाज में ऐसा भी होने लगता है जिसे नहीं होना चाहिए।

विराम

कल राजमहल की कुछ परिचारिकाएँ यहाँ आई थीं अपनी मूर्खतापूर्ण निरर्थक खिलखिलाहट लिये। मुझसे पूछ रही थीं कि मेरे सतीत्व की रक्षा कौन करता है।

सैरंध्री

क्या!

बृहन्नला

अब कहो कि यह तो होता रहता है।

उत्तरा

किस परिचारिका ने ऐसा कहा, उसे दण्ड मिलना चाहिए।

बृहन्नला

किस-किस को दण्ड देती फिरोगी, राजकुमारी! मेरा मन तो किया था कि उस परिचारिका से कह दूँ कि मेरा सतीत्व सुरक्षित है, चाहो तो देख लो और देख कर तसल्ली कर लो। पर उनकी तरह नीचता पर तो नहीं उतर सकती। नपुंसक हूँ न। नपुंसकों की भी मर्यादा होती है। राजकुमारी तुम कह रही थीं न कि मेरी भुजाएँ बलिष्ठ हैं। हाँ बलिष्ठ हैं। मेरे पास सतीत्व नहीं तो मेरा अस्तित्व तो है। मेरी भुजाएँ अपने अस्तित्व की रक्षा करने में समर्थ हैं। पर... पर...

सैरंध्री

पर क्या बृहन्नला?

बृहन्नला

कुछ नहीं।

उत्तरा

नहीं-नहीं बताओ बृहन्नला।

सैरंध्री

हाँ-हाँ बता दो बृहन्नला। (बृहन्नला के ऊपर कटाक्ष-प्रहार करते हुए) कम-से-कम राजकुमारी की जिज्ञासा शांत कर दो।

बृहन्नला

जब मैं यहाँ काम माँगने आई थी, महारानी सुदेष्णा ने मुझे राजकुमारी को नृत्य सिखाने के लिये नियुक्त किया। पर नियुक्ति से पहले मेरे जाने बिना, बिना मुझसे पूछे, बिना मेरी स्वीकृति लिए मुझे दासियों को सौंप दिया गया था।

उत्तरा

आवास आदि की व्यवस्था तो दासियाँ ही करती हैं। इसमें स्वीकृति का प्रश्न कहाँ उठता है?

बृहन्नला

मेरे आवास की व्यवस्था करने के लिए मुझे दासियों को नहीं सौंपा गया था। मुझे दासियों को इसलिए सौंपा गया था कि वे मेरा परीक्षण कर सब तरह से संतोष कर लें कि मैं नपुंसक ही हूँ और स्त्री के वेश में पुरुष नहीं हूँ। तभी मुझे नियुक्ति मिली थी।

उत्तरा हाथ मुँह को ले जाती है।

सैरंध्री

तुम्हें बहुत कुछ भोगना पड़ा है बृहन्नला। (गला रुँध आता है। स्वयं को संयत करती है) भगवान करे तुम्हारे दुखों का अंत शीघ्र हो।

सैरंध्री तीव्र गति से बाहर निकल जाती है। पीछे-पीछे बृहन्नला।

दृश्य दो

बृहन्नला

सैरंध्री...

सैरंध्री

आर्यपुत्र...

बृहन्नला

धीरे बोलो सैरंध्री। अज्ञातवास के अभी भी कुछ दिन बचे हैं। अभी मैं केवल बृहन्नला हूँ, तुम्हारा आर्यपुत्र नहीं।

सैरंध्री

तुम्हारा परीक्षण हुआ बृहन्नला!

बृहन्नला

हाँ सैरंध्री मेरा परीक्षण हुआ था। और मैं उत्तीर्ण भी हुई।

सैरंध्री

और मैं अपना दुःख बड़ा मान रही थी।

बृहन्नला

तुम्हारा दुःख बड़ा है सखी। भरी-सभा में तुम्हारा चीर-हरण नीचता की पराकाष्ठा थी। फिर दुष्ट जयद्रथ, और फिर एक और भरी-सभा में कीचक द्वारा तुम्हारा अपमान। इतना और ऐसा अपमान किसी का न हुआ होगा।

सैरंध्री

तुम्हें तो मालूम है कि कीचक की क्या गति हुई थी। बल्लव ने उसके अंग उसके शरीर में घुसेड़ कर उसे मांस को लोंदा बना दिया था। जब मुझे उस नीच कीचक के लोंदे के साथ जीवित ही जलाने के लिए एक ही चिता पर बाँध दिया गया था, मुझे लगा था कि मेरे दुःख की कोई सीमा नहीं है। मैं रोई थी। मैंने चीत्कार किया था, बृहन्नला। उस लोंदे के साथ बँधे हुए मुझे अपने से घिन आ गई थी। उस घिन को मिटाने के लिए आज भी मैं घंटों रगड़-रगड़ कर नहाती हूँ। पर घिन तो मेरे मस्तिष्क में है, शरीर में नहीं। तुम कह सकते हो कि इस सारी प्रकृति में इससे बड़ा दुःख और क्या हो सकता है। पर मैं रो सकती हूँ। खुले में साँस ले सकती हूँ। तुम्हें तो रोने का भी अधिकार नहीं है। तुम तो अपने शरीर में ही कैद हो बृहन्नला।

बृहन्नला

मेरा मन बहुत रोया था सैरंध्री। कुछ अपने लिए और बहुत कुछ उनके लिए जिनकी आत्मा विकृत शरीर में कैद होती है। एक किन्नर का क्या दोष कि वह किन्नर है। फिर वह उपहास का पात्र क्यों होता है।

सैरंध्री

बहुत सहना पड़ा पार्थ... बृहन्नला...

बृहन्नला

क्या मनुष्य की पहचान जननांग होने से ही होती है। यह प्रकृति विशाल है। एक नपुंसक भी सृजन कर सकता है।

सृजन के लिए सहस्रों विषय हैं। सृजन की परिभाषा वंशवृद्धि तक सीमित करना संकीर्ण मनोवृत्ति का परिचायक है। जिस समाज में नपुंसक को स्वीकार नहीं किया जाता वहाँ नपुंसक को जीने की राह या तो भिक्षावृत्ति से मिलती है या वह अपराध का रास्ता अपनाता है। इससे समाज को दुगुनी भरपाई करनी पड़ती है। एक तो समाज नपुंसकों की सृजनात्मकता से वंचित रह जाता है और जो संसाधन समाज की प्रगति के लिए उपयुक्त होने चाहिए उन्हें अपराध रोकने में खर्च करना पड़ता है।

सैरंध्री

बस करो बृहन्नला। अब और नहीं सुना जाता।

बृहन्नला

मेरा अभिप्राय तुम्हें दुःख पहुँचाने का नहीं था। बस तुम दिखी तो सब कुछ उमड़ पड़ा।

सैरंध्री

अब मैं जाती हूँ। महारानी सुदेष्णा मुझे याद कर रही होंगी। कीचक-वध के बाद वे ऐसे ही मुझसे आशंकित रहती हैं।

बृहन्नला

आती रहना सखी। मैं भी चलती हूँ। उत्तरा को बहुत देर से छोड़ा हुआ है।

सैरंध्री

बृहन्नला, मुझे क्षमा कर दो।

बृहन्नला

किस बात की क्षमा माँग रही हो सैरंध्री।

सैरंध्री

उत्तरा के संबंध में ताना मारने के लिए।

बृहन्नला

उत्तरा मेरी शिष्या है। मेरी पुत्री के समान है।

सैरंध्री

इसीलिए तो क्षमा माँग रही हूँ।

दृश्य तीन

उत्तरा

मेरी शंका का समाधान करो बृहन्नला। मुझे बताओ कि तुम कौन हो।

बृहन्नला

प्रत्यक्ष किम् प्रमाणम्। जो प्रत्यक्ष है, उसे स्वीकार करो। मैं एक किन्नर हूँ। तुम्हारी गुरुआनी हूँ। यही मेरा परिचय है।

उत्तरा

काश, मैं इस उत्तर से संतुष्ट हो पाती।

बृहन्नला

यह तुम्हारी समस्या है उत्तरा।

उत्तरा

हाँ यह मेरी समस्या है। यही समस्या है कि तुम जो कह रही हो वह सत्य है पर पूरा सत्य नहीं है।

बृहन्नला

सत्य, सत्य है। सत्य पूरा या अधूरा नहीं होता। मैं किन्नर हूँ। यह सत्य है। चाहे अधूरा मानो, चाहे पूर्ण मानो पर सत्य यही है कि मैं बृहन्नला हूँ। किन्नर हूँ। पूर्ण सत्य यही है कि मैं न पूर्ण स्त्री हूँ और न पूर्ण पुरुष।

उत्तरा

तुम्हारा आवरण स्त्री का है पर तुम्हारी देहयष्टि एक हृष्टपुष्ट पुरुष की है। तुम्हारा एक अतीत है। तुम्हारा एक इतिहास है।

बृहन्नला

सभी का होता है। मेरा भी है। तुम्हारा भी होगा।

उत्तरा

बृहन्नला उस इतिहास की एक झलक दिखलाओ न।

बृहन्नला

तुम्हारे पिता श्री ने मुझे नृत्य सिखाने का काम सौंपा है। इतिहास पढ़ाने के लिए नहीं।

उत्तरा

लगता है तुम अपने से तो मुझे बताओगी नहीं। मैं पूछूँ तो सही उत्तर दोगी?

बृहन्नला

मेरा अपमान न करो उत्तरा। मैं असत्य-भाषण नहीं करती।

उत्तरा

क्षमा बृहन्नला, क्षमा। मेरे कहने का तात्पर्य था उत्तर ऐसा होना चाहिए जिसे उत्तरा समझ सके।

बृहन्नला

यह तो उत्तरा की समझ पर निर्भर करता है। पूछो जो पूछना है।

उत्तरा

कौन हो तुम बृहन्नला?

बृहन्नला उत्तर नहीं देती।

सैरंध्री का प्रवेश।

सैरंध्री से तुम्हारा क्या संबंध है बृहन्नला?

बृहन्नला

उत्तरा आज तुम्हें अपने प्रश्नों का उत्तर मिल जायेगा। समय आ गया है चोला उतारने का। अज्ञातवास का साल पूरा हो गया है। मैं अपने में भी परिवर्तन का अनुभव कर रहा हूँ।

उत्तरा

हो कौन तुम बृहन्नला?

बृहन्नला

मैं कृष्ण-सखा, कौन्तेय अर्जुन। तृतीय पाण्डव। स्वर्ग की अप्सरा माता उर्वशी के शाप के कारण मैं एक साल के लिए नपुंसक बन गया था। अब वह साल मैंने पूरा कर लिया है। बृहन्नला से वापस अर्जुन बन गया हूँ।

उत्तरा

अर्जुन! तृतीय पाण्डव! तो... तो... सैरंध्री...

बृहन्नला

हाँ सैरंध्री कोई और नहीं बल्कि द्रुपद-पुत्री, पांचाली, कृष्ण-सखी, पाण्डव-पत्नी द्रौपदी है।

उत्तरा

पांचाली एक सैरंध्री!

सैरंध्री

हाँ उत्तरा।

उत्तरा

अर्जुन एक नपुंसक के वेश में!

बृहन्नला

क्यों, नपुंसक के वेश में क्यों नहीं?

उत्तरा

विश्वास करना कठिन हो रहा है आर्य। यदि आप अर्जुन हैं तो अपने दस नाम बताइए।

अर्जुन

मेरा जन्म उत्तर- फाल्गुनी नक्षत्र में होने के कारण मैं फाल्गुन कहलाता हूँ।

इन्द्र का पुत्र होने के कारण मैं जिष्णु हूँ।

मैं अपने दायें और बाएँ दोनों हाथों से गांडीव खींचता हूँ, इसलिए मेरा नाम सव्यसाची है।

वैजयन्त ने मेरे सिर पर मुकुट रखा था, इसलिए मैं किरीटी कहलाता हूँ।

मैं युद्ध में कोई बीभत्स कर्म नहीं करता, इसलिए मुझे बीभत्सु भी कहते हैं।

मैं श्वेतवाहन हूँ। मैं विजय हूँ। मैं धनंजय हूँ।

मेरी माता का नाम पृथा है इसलिए मैं पार्थ कहलाता हूँ।

सब के प्रति सम-भाव रखता हूँ। मैं अर्जुन हूँ।

समाप्त

दशा के नाटकों का प्रथम मंचन

वर्ष 2013 में बेंगलूरु की कलायन नाट्य संस्था ने अपनी 25 वीं वर्षगाँठ के अवसर पर दशा नाम के अंतर्गत लघुनाटकों के एक कोलाज का मंचन किया था जिनमें तीन नाटक **लंगड़, चिराग का भूत** तथा **कौन हो तुम बृहन्नला** थे। चौथा नाटक **तू नहीं और सही** शॉर्ट एंड स्वीट नाट्योत्सव में खेला गया था।

रंगशाला	**एलियाँस फ्राँशिए बेंगलूरु**
दिनांक	7 – 10 फरवरी 2013
नाटक के कलाकार	**मंच पर**

लंगड़

लंगड़	सनिल यती
सनीचर	सुदर्शन राजगोपाल
रंगनाथ	मयुरेश निरहाली
प्रिंसिपल साहब	श्रीनिवास नायडू
वैद्य जी	अनिरुद्ध कटोच

चिराग का भूत

बेचारा	मयुरेश निरहाली
पथिक (चिराग का भूत)	श्रीनिवास नायडू
लड़की	डेजी हुकेन्स

कौन हो तुम बृहन्नला

बृहन्नला (अर्जुन)	सुदर्शन राजगोपाल
उर्वशी और सैरंध्री	फारिया फातमा
उत्तरा	डेजी हुकेन्स

नाटक के कलाकार   मंच परे

मंच सामग्री	चिराग जैन
मंच संचालन	शेफली चतुर्वेदी, आकांक्षा यादव, अनुराग अग्निहोत्री
प्रकाश व्यवस्था	बाबू प्रभाकर
ध्वनि संचालन	शरत नायर और निखिल बुधवानी
टिकट काउंटर	मालविका कलौनी
रूप सज्जा	रामकृष्ण बेल्थुर
रिहर्सल प्रबंधन	फारिया फातमा
निर्माण और निर्देशन	मथुरा कलौनी

रंगशाला	**रंगस्थल, रंगोली आर्ट, बेगलूरु**
दिनांक	7 – 9 नवंबर 2014

तू नहीं और सही

नाटक के कलाकार	**मंच पर**
राधिका	संगीता पंडा और फारिया फातमा
वंशी	श्रीनिवास नायडू
सारथी	सौरभ गुप्ता
डेनियल	दुश्यंत बरोदिया

नाटक के कलाकार	**मंच परे**
शार्ट एंड स्वीट संस्था के कलाकार	
निर्माण और निर्देशन	मथुरा कलौनी